ARCHITEKTUR_**GRAZ**

ARCHITEKTUR_**GRAZ**

Positionen im Stadtraum
Mit Schwerpunkt ab 1990

3., erweiterte und aktualisierte Auflage 2009

Herausgegeben von
Michael Szyszkowitz & Renate Ilsinger
& Haus der Architektur Graz

IMPRESSUM

Architektur Graz

Verlag
Haus der Architektur Graz
Palais Thinnfeld
Mariahilferstraße 2
A-8020 Graz, Austria

Tel +43 (0) 316-32 35 00
Fax +43 (0) 316-32 35 00 75
verlag@hda-graz.at
http://www.hda-graz.at

HDA
HAUS DER ARCHITEKTUR GRAZ

Herausgeber
Michael Szyszkowitz & Renate Ilsinger
& Haus der Architektur Graz

Idee, inhaltliche Konzeption und Redaktion
Michael Szyszkowitz & Renate Ilsinger

Objektwahl- und Redaktionskomitee
Marie-Hélène Contal, Grigor Doytchinov,
Peter Blundell Jones, Walter Titz, Maria Welzig,
Frank R. Werner, Franziska Leeb

Fachlektorat
Eugen Gross

Redaktionsassistenz
Andrea Fortin, Petra Kohlenprath, Doris Bauer

Lektoratsassistenz
Monika Ederer-Mosing, Karin da Rocha

Materialsammlung
Andreas Feistritzer, Florian Kocher,
Jakob Kocher, Tobias Kocher, Ulrike Schlossinger,
Martin Zottler, Tanja Gurke

Buchhalterische Abwicklung
Christa Blesl, Tanja Gurke

Übersetzung
Richard Watts, Elfi Cagala, Philippe F. Lorre

Grafische Konzeption und Layout
ulbl+jakely+thönen, wien/graz

Font
Blender von Nik Thönen

Druck
Druckerei Carinthian, Klagenfurt

Die Deutsche Bibliothek verzeichnet diese Publikation
in der Deutschen Nationalbibliografie;
detaillierte bibliografische Daten sind im Internet über
http://dnb.ddb.de abrufbar.

Herausgeber und Redaktion Architektur Graz

ISBN 978-3-901174-66-7

Dieses Buch ist auch in einer englischen Sprachausgabe erschienen (ISBN 978-3-901174-67-4).

ARCHITEKTUR_GRAZ
in deutscher und englischer Ausgabe und
ARCHITEKTUR_STMK
in deutscher Ausgabe mit englischem Textbuch
bilden eine architekturraumbegleitende Einheit.

Ganz besonderen Dank für die Unterstützung dieser
Publikation möchten wir unseren Partnern aussprechen:

Stadt Graz
Steiermärkische Bank und Sparkassen AG
IMMOVATE Projektentwicklungs GmbH

Das Haus der Architektur Graz wird unterstützt:

Bundesministerium für Unterricht, Kunst und Kultur
Land Steiermark
Stadt Graz
Kammer der Architekten und Ingenieurkonsulenten
für Kärnten und Steiermark

Schindler Aufzüge und Fahrtreppen AG
Proform – Möbel zur Architektur
Porr Allgemeine Baugesellschaft AG
XAL Xenon Architectural Lighting

E 11
A 12
A 13
E 12
A 08
A 10
A 07
A 05
A 09
A 04
A 06
A 02
A 03
CITY

B 06
B 03
B 02
A 15
A 16
B 04
A 14
A 19
A 17
A 18
A 24
A 25
A 27
A 01
A 26

G 01 – G 07
B 04
B 06
B 09
B 05
B 11
B 10
B 08
B 03
E

H 10
H 12
H 11
H 13
H 14
B 04
B 01
B 12
B 13
B 14

I 14
I 15
C 01
C 02
C 03
C 07
A 20
SE

C 12
C 05
09
I 08 - I 10
C 12
C 13
I 01
I 06
I 02
A 27
22
A 23
A 25
A 21
A 22
A 26

I 06
I 01
D 01
D 02
D 03
S

D 05
D 09
D 04
D 08
D 13
D 11

D 13
J 01 – J 05
D 14
D 1
SW

18
K 14
D 15
D 16

D 16
D 17
K 17
K 01
K 02
W
E 02
E 01
E 12

K 10
K 09
K 08
K 04
K 03
K 07
K 05
K 06
E 11
E 06

F 09
N
E 11
E 05

F 08
F 01
E 09
F 02 - F 06
A 15
E 10

F 02 – F 06
A 14
E 09
NE

A 16
A 19
B 04

RENATE ILSINGER

WEGE IM RAUM

Ein Stück weit sich in, auf, zwischen den Wegen im Gewebe dieser Stadt zu bewegen, mit welchen Schritten auch immer sich auf die Reise zu machen, „erste" Blicke zum Angreifen nahe in Händen zu halten, den Raum zu erobern, sich in Schichten den Ort anzueignen, Baukultur und Stadtraumgestaltung zu lesen – Einblicke in Bilder zur Architektur Graz.

1989 wurde ein erstes sichtbares Zeichen, eine erste Manifestation eines zeitgemäßen Neubaus in der Grazer Altstadt am Färberplatz fertig gestellt – die große Zeit der Umsetzungen von Ideen und Planungen der Grazer-Architektur-Bewegung setzt ein. Und schwerpunktmäßig beginnend mit 1990, mit diesem Zeitbegriff will auch dieser Begleiter zur Architektur Graz einsetzen, um unterschiedliche Positionierungen im Stadtraum festzuschreiben und freizulegen.
Materialien in großer Zahl und breitem Umfang wurden zu dieser Thematik zusammengetragen und gesichtet. Als Anhaltspunkt eines geografischen und topografischen Untersuchungsraumes wurde das Stadtgebiet von Graz im Sinne einer Linie als Grenze, ohne wirklich Grenze im Sinne von Stadtraum zu sein, gewählt.
Da Besichtigungen und Erkundungen von Bauwerken vor Ort wesentlich zum Verständnis derselben beitragen und der Besucherin und dem Besucher diese Möglichkeit bereitstehen soll, gleichzeitig aber die Privatsphäre der bzw. des Einzelnen zu respektieren ist, wurden ausschließlich öffentlich zugängliche Objekte in den Mittelpunkt der Darstellung gerückt.

Das international ausgerichtete Objektwahl- und Redaktionskomitee Marie-Hélène Contal, Paris, Grigor Doytchinov, Sofia, Peter Blundell Jones, Sheffield, Walter Titz, Graz, Maria Welzig, Wien, Frank R. Werner, Münster, und Franziska Leeb, Wien – sie bereicherte das Team im Rahmen der hier vorliegenden dritten, umfassend erweiterten und aktualisierten Auflage – sah sich einer Vielzahl und Vielfalt an Architekturen in Graz gegenübergestellt und verdichtete in gemeinsamen Überlegungen und Besichtigungen vor Ort die Zahl der zu charakterisierenden Objekte auf ein dem handlichen Format des Buches entsprechendes Volumen.
Im Folgenden beschreibt dieses Autorenteam nach Themen orientiert die gewählten Bauobjekte. Objekte, die vor den neunziger Jahren fertig gestellt wurden und für die Entwicklung der Architektur Graz von entscheidender Bedeutung sind, werden von Eugen Gross umsichtig erläutert. Vertiefende Kurzessays zum Spezifikum Architektur Graz runden die Vielsprachigkeit der Autorinnen und Autoren ab.
Aus luftiger Vergleichsebene ist der Beitrag von Michael Szyszkowitz gefasst – er will der Leserin und dem Leser eine grazräumlich-städtebauliche Sichtweise öffnen, entblättert die kulturelle Identität dieser Stadt mit ihren Innenhöfen und Plätzen, Dachlandschaften und organischen Wegführungen, ihren Stadtraumgestaltungen und stadtprägenden Gebäuden.
Das Planmaterial wiederum verankert die Bauwerke im Raum, konzentriert sich auf die Aussage der Lage im Stadtgefüge in Verbindung mit der Darstellung des Grundrisses und ermöglicht durch seine Nordung den Vergleich mit Kartenmaterial.
Fotografien schreiben Bilder zur Verständlichkeit der einzelnen Handschriften der Architektinnen und Architekten, sie lassen das abgebildete Objekt, vor Ort wiedererkannt, Wirklichkeit werden und sollen Anreiz geben, die Baukörper in Verknüpfung mit der Örtlichkeit zu erkunden.
Auch selten gezeigte Ausschnitte rücken großformatig ins Bild.

Um die große Zeit der Umsetzung der Grazer-Architektur-Bewegung nachzuzeichnen, diese weghaft in thematisch gefassten Rundgängen punktuell zu verorten und die Orientierung der gewählten Objekte in den Buchraum zu übertragen, wurde die Stadt in einzelne Flächen geteilt. Beginnend mit der Kernzone der Altstadt wurden die Ausschnitte in Spiralbewegung erfasst.So thematisiert Rundgang A das Spannungsfeld zwischen Tradition und Moderne, Alt und Neu oder Historie und zeitgenössischem Bauen an beiden Flussufern der Altstadt, dem eigentlichen Spezifikum der Architektur Graz, während die folgenden Rundgänge B und C sich schwerpunktmäßig mit den großen Universitätsbauten der Karl-Franzens-Universität und der Technischen Universität auseinander setzen. Rundgang D macht sichtbar, dass sich der an die Altstadt im südwestlichen Bereich anschließende periphere Sektor tatsächlich der Kernstadt mit einer Reihe von Projekten zu nähern sucht. E, F, G und zum Teil auch Rundgang I sind von Wohnobjekten, von der Vielfalt möglicher Ausdrucksformen im Wohnbau, einem in einem gewissen Zeitraum zentralen Thema der Architekturszene Graz, bestimmt.
Das Areal des Rundgangs H umschließt großteils ein Gebiet, das die Stadt fokussiert, und stellt das Thema Architektur & Gesundheitswesen in seine Mitte. Nach Südost und Süd weitet sich Rundgang I und weist auf eine künftige Stadt-Landschaft-Entwicklung hin. Einzelne Objekte zeigen diesen Erweiterungsschritt bereits an. Die Bemühungen der Stadtentwicklung spiegelt der Westen von Graz im Rundgang K wider, der unterschiedliche Stadtteilpositionierungen festschreibt.

Diesen Entwicklungen nachzugehen, sich auf den Weg zu machen, um diese Stadt, diesen Stadtraum kennen zu lernen und die Veränderungen im Stadtbild aufzuspüren, dazu will Architektur Graz ein Stück weit verführen, um Platz zu nehmen im Fluss von Stadt.

EINE FLUGPERSPEKTIVE

Wenn Sie als jemand, der vielleicht zum ersten Mal nach Graz mit dem Flugzeug anreist, das Vergnügen der Ausnahmesituation haben sollten, dass ein verständnisvoller Pilot – aus welchen Gründen auch immer – ein paar Schleifen über die Stadt zieht, wird sich Ihnen diese in ihren topografischen Grundzügen sehr schnell ausweisen. Denn wenn das Murtal sich öffnet, und die Gebirge zu Hügeln werden und auseinander driften, und sich gegen Süden eine weite Ebene öffnet, wird in ihrer Mitte ein einzelner, baumüberwucherter und markant steiler Hügel zum optischen Angelpunkt für die Stadt, die sich im Windschatten dieses Berges mit den Resten einer Burg entwickelt hat.[1] Und das Wort Burg, das im slawischen Sprachraum „gradec" bedeutet, hat auch bekanntlich der Stadt in leichter Wandlung ihren Namen gegeben. Mehr noch als jeder Stadtplan vermitteln könnte, zeigt sich aus der Flugperspektive auch das zweite Ausgangsmotiv für die Gründung und Begründung der Stadt: Die Mur, als ab- und eingrenzender Fluss, hat den ältesten Teil der Stadt zwischen sich und dem – paradoxerweise – Schloßberg genannten Festungsmassiv entstehen lassen und definiert im Zusammenspiel mit diesem und an seinem Fuße das Zentrum.

1 Als erster Stadtraum entstand im 12. Jahrhundert zwischen Mur und Schloßberg ein Straßenmarkt an der Handelsstraße zwischen Ost und West.

DIE UFER DER MUR

An den ausgeprägten Strukturen und baulichen Zeichen des Stadtbildes wird ganz deutlich, wie sehr das „andere", das rechte Murufer bis heute noch die Ausgrenzung spürt, die durch die eingeschnittene Wasserlinie gegeben ist. Und erst in den letzten eineinhalb Jahrzehnten haben sich die Grazerinnen und Grazer verstärkt bemüht, diese rigorose Zäsur zu lockern. Mit Vorschlägen stadtbeauftragter Studien, durch Staudämme das Wasser näher an das Stadtniveau heraufzuholen[2], und mit Maßnahmen, die zentrumsnahen Bezirke zu einer neuen Identität zu führen[3], wollte man diesem Trennfaktor entgegenwirken. Ebenso wie durch einen neuen, doppelten Brückenschlag speziell für Fußgänger und Radfahrer die Vorstadt dem Zentrum näher gebracht werden sollte.[4] Gerade auch die aktuellen Versuche, wie jene des Jahres 2003, verfolgen als Ziel die Integration des „Gegenüber" der Innenstadt. So führen nun Promenaden das Murufer entlang und so verankert sich in identem Abstand von beiden Ufern eine künstliche Murinsel inmitten des Gewässers. Dieses muschelförmige Konstrukt gerät zu einem neuen städtischen Ort, einem Platz im Fluss von erstaunlich öffentlicher Dimension.[5]

Im selben Tenor setzt sich das neue Kunsthaus nach „Drüben", auf die andere Seite, und präsentiert sich als kräftiges und pralles Pendant zum traditionsreichen „Herüben" mit seinem Bestand an Kulturbauten: dem Stadtmuseum, der Neuen Galerie und dem Joanneum. Aber im Gegensatz zu diesen zeigt es sich, weithin auffälliger, mit den Attitüden eines zeitgenössischen baulichen Selbstbewusstseins, geradezu als logische Antwort auf seine besondere Entstehungsgeschichte.[6]

2 Hubert Rieß, Murstudie, Rückeroberung der Mur als städtischer Lebensraum, 1987.

3 EU urban pilot project Graz für die Stadtteile Gries (urban I: 1996-2001) und Jakomini (urban II: 1997-2001).

4 A06: Mursteg (1992) und D06: Augartensteg (1998).

5 A07: Murinsel (2003).

6 A03: Kunsthaus (2003). Das Projekt hat dreimal seinen Standort gewechselt, wofür auch ebenso viele öffentliche Wettbewerbe ausgeschrieben wurden.

Das oft als Dilemma bezeichnete und leider noch öfter als solches verstandene Verhältnis zwischen neuer Architektur und ihrem historischen Umfeld wurde von einem der Architekten ebendieses Kunsthauses, mitten in der Realisierungsphase des eigenen spektakulären Entwurfes, mit einem fast ironisch wirkenden Vergleich bezeichnet: „Graz ist irgendwie wie Disneyland"[7].
Damit scheint – neben dem Hinweis auf die Eventorientiertheit der Stadt – wohl auch gemeint zu sein, welches Spektrum an Möglichkeiten sich der neuen Architektur in diesem geschichtsgeprägten Ambiente eröffnet.
Und sei es auch, wie im speziellen Fall des Kunsthauses, unter dem aufmunternden Zwang, eine angemessene internationale Identität für Graz als „Europäische Kulturhauptstadt 2003" erreichen zu müssen.[8]
Zumal die Auspizien für ein neues Domizil zeitgenössischer Kunst vorerst nach dem kampfbetonten Scheitern eines ersten, originären Entwurfes[9] gar nicht günstig standen.
Denn das Verfahren für einen zweiten Anlauf glich durch die angeheizte Debatte um den Standort im und am Schloßberg bereits einer Selbstaufgabe.[10]
Erst im dritten Versuch hat sich die Skepsis der Grazerinnen und Grazer, eben im Aspekt neuer kultureller Verpflichtungen, gelegt und ist einer breiten Zustimmung gewichen. Die medienwirksamen Begleiterscheinungen wurden allgemein als willkommene Positionierung einer Stadt aufgenommen, die etwas darstellen will, auch neben ihrem historischen und, im Besonderen, baulichen Erbe.[11]

7 Peter Cook, Alpbacher Architekturgespräche, 2002.

8 Die Ernennung „Europäische Kulturhauptstadt 2003" erging 1998 durch die Kulturministerkonferenz der EU an die Stadt Graz, repräsentiert durch Bürgermeister Alfred Stingl und Stadtrat Helmut Strobl.

9 Wettbewerb für ein „Trigonmuseum" im Pfauengarten, Wettbewerbssieger: Schöffauer-Tschapeller, Wien, 1988.

10 Wettbewerb für ein „Kunsthaus" im Schloßberg, Wettbewerbssieger: Weber+Hofer, Zürich, 1997.

11 Wettbewerb für ein „Kunsthaus" beim Eisernen Haus, Wettbewerbssieger: Cook-Fournier, London, 2000.

DIE ALTSTADT

Dieses Erbe ist nun tatsächlich von besonderem Wert. Eine Voraussetzung, die für die Stadt Graz die Chance bot, ihre Ernennung als „singuläres Stadtdenkmal" mit ihrer Innenstadt und der spezifischen Dachlandschaft und Hofstruktur zum „Weltkulturerbe" zu erreichen.[12]
Bei der großen Genugtuung, die sich daraufhin ausbreitete, blieb vielerseits unbekannt, aber für die zeitgenössische Architektur von wesentlicher Bedeutung, dass im Begründungstext für diese Auszeichnung Entscheidendes ausgedrückt wird: Denn unter den städtebaulichen Charakteristika wird nämlich auch die „harmonische Kontinuität der Stile", von der Gotik über die italienische Renaissance, den Barock und den Historismus bis ins 20. Jahrhundert[13], angeführt. Diese internationale Akzeptanz des weitgespannten und speziellen Wechselspieles der Baugeschichte in Graz inkludiert de facto auch den Einbezug der neuen Architektur. In einem solchen Verständnis hat sich die Herausforderung an innovatorisches Bauen auch ständig bewegt und sich vielleicht gerade deshalb zu einer größeren als in anderen historischen Städten entwickelt.
In dieser Interpretation sollte auch das Grazer Altstadterhaltungsgesetz verstanden und umgesetzt werden.[14] Denn die „erhaltende und schützende" Aufgabe bezieht sich auf die Bewahrung der Struktur und des äußeren Erscheinungsbildes des Ensembles bis hin zu Einzelobjekten. Dies sollte dem Trugschluss entgegenwirken, dass neue Planungen nur in einer Übernahme oder Fortsetzung vorhandenen Architekturvokabulars zu erfolgen hätten.

12 Die historische Altstadt von Graz wurde 1999 in die Liste der UNESCO-Weltkulturerbe aufgenommen.

13 Die Aufnahme in die World-Heritage-List erfolgte auf Grund historischer und städtebaulicher Charakteristika, die „[…] ein steingewordenes Zeugnis vom Wechselspiel europäischer Geschichte an der Schnittstelle zwischen Mittel- und Südosteuropa abgeben". In: Weltkulturerbe, Das historische Zentrum von Graz, Graz 2000, Klappentext.

14 Die 1972 von Max Mayr und der „Kleinen Zeitung" initiierte Kampagne „Rettet die Grazer Altstadt" lieferte die Grundlage für das „Grazer Altstadterhaltungsgesetz" von 1975 bzw. 1980, womit ein Neuüberdenken von Innovation und Bewahren begann.

PLÄTZE

Wenn Sie noch einen weiteren Blick auf den Stadtkern richten, so finden Sie an der Kreuzung der beiden geschichtsträchtigsten Wege, nämlich dort, wo sich der Zugang von Süden mit der Ost-West-Verbindung überschneidet, einen annähernd trigonalen Freiraum – den „Hauptplatz": Stadtmittelpunkt, Veranstaltungsort und Marktplatz in einem. Dass dieses deklarierte Synonym für Stadtkultur seine gesellschaftsrelevante Rolle im Wechselspiel zwischen den Antipoden Handel und Verkehr, Politik und Kultur deutlicher und zeitgemäßer zur Geltung bringt, war Grundlage für seine Neugestaltung.[15]
Der Platz ist Teil des Konzeptes „Platz für Menschen", das eine sukzessive Befreiung aus der „Umklammerung durch den Autoverkehr" vorsah und im historischen Stadtzentrum fußgängerfreundliche Zonen entstehen lassen wollte.[16] In Verfeinerung und Ausdehnung dieses Inhaltes wurden die Platzgestaltungen zu einem der griffigen und publikumswirksamen Themen der neunziger Jahre hochstilisiert, durch Architekturwettbewerbe bearbeitet und durch Stadtämter überarbeitet. Wenn auch letztlich in der Realisierung nicht, wie beabsichtigt, das „übergreifende Resultat" erreicht wurde, so sind dennoch die punktuellen Erfolge sehr wohl wirksam. Für die hohen Anforderungen zeigen sich angemessene Ergebnisse im Stadtzentrum, aber auch in den Randbezirken.[17]
Dass die Nutzung dieser öffentlichen Flächen mitunter in eine allzu possessive Vermarktung ausschlägt, ist die Kehrseite der vorhandenen urbanen, räumlichen und baulichen Werte in der Altstadt. Diese werden nämlich

15 A01: Hauptplatz (2002).

16 Stadtrat Erich Edegger stellte 1986 sein Konzept „Platz für Menschen" vor. Dieses sieht vor, dass „[...] sämtliche öffentliche Flächen zunächst innerhalb der mittelalterlichen Ringmauern der Altstadt und dann Schritt für Schritt in weiteren Teilen des historischen Zentrums einer dem jeweiligen Bereich angemessenen fußgängerfreundlichen Gestaltung zuzuführen [...]" seien. In: Graz – stadtarchitektur architekturstadt, Architektur und Stadtentwicklung 1986-1997, Graz 1998, S. 25.

17 Beispielhaft seien folgende Plätze im Stadtzentrum erwähnt:
A23: Tummelplatz (1991),
A25: Färberplatz (1992),
A04: Mariahilferplatz (1994),
A22: Jakominiplatz (1996), A05: Schloßbergplatz (2000), A01: Hauptplatz (2002)
und in den Bezirken:
E01: Lendplatz (2000),
F02: Hauptplatz Andritz (2002).

unter dem Deckmantel der Verbesserung der Nutzungsqualität durch eventorientierte Provisorien mitunter empfindlich gestört.

AM FUSSE DES SCHLOSSBERGES

Spannend und überraschungsreich geleiten sie uns durch die Altstadt, die von den historischen Gebäudestrukturen bestimmten Linien der Wegeführungen. Und immer größer wurde in den letzten Jahren die Zahl der Höfe und Hoffolgen, die schrittweise zugänglich gemacht wurden. Auch ein Kaufhausriese hat deren Reiz zeitgerecht erkannt[18] und darauf seine Entwicklungsstrategie aufgebaut, sodass auf eine Aussiedelung des Unternehmens an die Peripherie verzichtet werden konnte. Denn statt auf der Vorortewiese zu investieren, hat man lieber auf das vielgestaltige Quartier der Bestandsobjekte im Stadtzentrum gesetzt. Behutsame Erneuerungen mit modernen Ergänzungen erzeugen als bauliche Mischung ein spezifisches Gepräge, wodurch wesentliche städtische Funktionen erfüllt werden, nämlich jene des merkantilen und gesellschaftlichen Konsums als städtische Lebensqualität. Diese litt zunehmend unter den Restriktionen für den individuellen Verkehr. Um dem daraus resultierenden Exodus vieler Geschäftsleute aus dem Stadtkern entgegenzuwirken und um das städtische Leben in der Innenstadt aufrechtzuerhalten, sah man in der Stadtpolitik erst gegen Ende der neunziger Jahre die regulierende Möglichkeit in der Freigabe von Tiefgaragen. Deren große, in kürzestem Zeitraum errichtete Zahl liefert einen beredten Aufschluss über den im Zugzwang entstandenen stadtpolitischen Sinneswandel.[19]

18 A02: Kaufhaus Kastner + Öhler (2003). In den späten achtziger Jahren startete das Großkaufhaus ein umfangreiches Erneuerungsprogramm im Stadtzentrum.

Auch das große Volumen des Schloßberges inmitten der Stadt mit seinen großteils aus den Weltkriegen stammenden Stollenanlagen schien lange Zeit prädestiniert zu sein für eine zentrale Großgarage. Das Vorhaben reduzierte sich jedoch auf die Vorplanung, wie viele andere Projekte für diesen „Stadt-Berg" ebenso im Entwicklungsstadium verblieben. Denn die Faszination, die dieser auf die Grazerinnen und Grazer ausübt, hat Bestand. Jeder auch nur angedachte Zugriff auf sein Erscheinungsbild wird mit wachsamen, natur- und denkmalschützenden Augen geprüft. Und den abwägenden Meinungen fiel bereits manche Absicht zur infrastrukturellen Verbesserung dieses reizvollen Plateaus über der Stadt zum Opfer. Dennoch haben einige vorsichtige Schritte ohne Störung des historischen Fluidums einen Anfang gesetzt für die auswertende Okkupation des Berges, wenn auch vorerst vornehmlich in seinem Inneren.[20]

19 Neue Groß-Tiefgaragen: Mariahilferplatz (1992), Erweiterung im Rosarium (1999), Kunsthaus (2003), Kastner+Öhler (2003), Karmeliterplatz (2005), Freiheitsplatz (Projekt).

20 A13: Kasematten, Mobile Überdachung (1987), A10: Dom im Berg (1999), A10: Lift im Berg (2000); A11: Café-Bar Aiola Upstairs (2003), A12: Schloßbergrestaurant (2007).

DEN STADTPARK ENTLANG

Setzen Sie nun Ihren hypothetischen Flug über die Stadt in einer neuen Schleife in Richtung Osten fort, so fällt nach dem Schloßberg der breite Grüngürtel, das Glacis, ins Auge, das als ehemaliges Schussfeld den Befestigungsanlagen vorgelagert war und sich zum Stadtpark auswuchs. Dereinst wurde dieser von einer kompetenten Stadtplanung weitgehend freigehalten und lediglich einer besonderen Verbauung zugedacht, nämlich Bauwerken kulturellen öffentlichen Interesses. So finden Sie dort den mächtigen Komplex der Oper mit der signifikanten Brückenverbindung zum Kulissendepot, an welches ein denkmalgeschütztes

Unikat der fünfziger Jahre anschließt, die durch wechselhafteste Umbaupläne gebrandmarkte Thalia.[21]
Klein und verborgen gibt sich dagegen die weiter gegen Nordost gelegene bauliche Substanz des Forum Stadtpark.[22]
In dem vorwiegend als Heimstätte der Literaten bekannten ehemaligen Stadtparkcafé entstanden in den sechziger Jahren die ersten gesellschaftspolitisch engagierten architektonischen Programme.[23]
Etwas spektakulärer gab es zwanzig Jahre später eine Fortsetzung mit der Manifestation einer Gruppe von Architektinnen und Architekten, der so genannten „Grazer Schule". Dieser bis dahin opulenteste Nachweis der vielgestaltigen Standpunkte der Grazer Architekturszene sollte die Ambition auf internationale Aufmerksamkeit untermauern.[24]
Und wenn man mit historischem Blick der Begrifflichkeit „Grazer Schule" nachgehen wollte, sähe man, wie unterschiedlich diese definiert werden kann und auch wird. Tatsache ist jedenfalls, dass trotz manch selbstgewollter Ausgrenzung jene Generationen von Architektinnen und Architekten, die in den sechziger und siebziger Jahren in Graz studiert und in den Achtzigern vor Ort auch entworfen und gearbeitet haben, unter diesem Begriff subsumiert werden können.
Tatsache ist aber auch, dass eben in den neunziger Jahren der Großteil der Architektinnen und Architekten der „Grazer Schule" erst in die Lage kam, in größerem Stil in Graz zu bauen. Und obwohl ihre Vertreterinnen und Vertreter in einer Zahl, die eine ganze Architekturfakultät darstellen könnte, dem Ruf in- und ausländischer Universitäten folgten – ein Umstand, der den ursprüng-

21 Für die Thalia gab es eine Reihe von Projekten unterschiedlichen Inhaltes: Kino, Supermarkt, Diskothek, Caféhaus, Literaturhaus, Konzertsäle, Probebühne, Hotel.

22 A19: Forum Stadtpark (2000).

23 Die Forum-Architekten traten 1967 mit einer Ausstellung an die Öffentlichkeit: „Kristallisationen" der Werkgruppe Graz und „Propositionen" von Domenig-Huth.

24 Steiner, Dietmar, 13 Standpunkte, Grazer „Schule", Architektur-Investitionen, Graz 1984.

lichen Intentionen nach internationaler Anerkennung entspricht – so verblieb im Zuge der Realisierungen vor Ort ein wesentlicher Teil ihrer Arbeitswelt in Graz.[25]
Der Grund für den Bauboom der neunziger Jahre lag darin, dass viele jener Konzepte und Projekte, die infolge der Initiativen der Hochbauabteilung der Landesregierung entwickelt worden waren, nun umgesetzt werden konnten.[26] Jetzt bewies sich die Effektivität dieser Institution, die ein Jahrzehnt vorher eingesetzt worden war von einem Landesrat, dem späteren Landeshauptmann, der sein politisch-kulturelles Verständnis von Architektur darin sah, dass „die öffentliche Hand ihre Aufgabe als Bauherr ernst zu nehmen hat".[27] Und er sah sich stets als persönlichen Repräsentanten des Baugeschehens und hat sich auch als solcher unmissverständlich deklariert.
Als die Architekturszene mit diesem Rückhalt und in optimistischer Aufbruchsstimmung nach einer öffentlichen Plattform verlangte, war es der Leiter der vorgenannten Abteilung für Hochbau[28], der mit Förderern aus Stadt, Land und Wirtschaft und Exponenten der Architektenschaft ein „Haus der Architektur" aus der Taufe hob.
Dieser ersten derartigen Initiative folgten ähnliche Institutionen in allen Bundesländern.[29] Dass diese Einrichtung das Architekturgeschehen in Graz öffentlicher gestaltete, die Politik sich mit der Architektur-Kultur verbunden fühlte und darüber hinaus auch eine breitere Öffentlichkeit von dieser angesprochen wurde, sollte letztlich für die Architektur förderlich gewesen sein.

25 Berufen wurden: 1984 nach Berlin Eilfried Huth, 1986 nach München Manfred Kovatsch, 1988 nach Stuttgart Karla Kowalski, 1991 nach Wien Helmut Richter, 1992 nach Innsbruck Volker Giencke, 1994 nach Weimar Hubert Rieß, 1995 nach Aachen Klaus Kada, 1996 nach Wien Heiner Hierzegger, 1997 nach Weimar János Koppándy, 1998 nach Braunschweig Michael Szyszkowitz, 2001 nach Wien Manfred Wolff-Plottegg.

26 Der Landesrat und spätere Landeshauptmann Josef Krainer hat 1978 die Neuorganisation der Hochbauabteilung mit dem Ziel des Aufbaus eines transparenten Wettbewerbs- und Vergabesystems für Planung im Bereich des Landes- und Bundeshochbaus veranlasst.

27 Dass dies eine unentbehrliche Voraussetzung "für die Weiterentwicklungen unserer kulturellen Identität" darstelle, formulierte derselbe sein politisch-kulturelles Verständnis von Architektur.

28 Wolfdieter Dreibholz war 1980-1998 Leiter des Planungsreferates in der Fachabteilung IVa im Amt der Steiermärkischen Landesregierung.

29 Das HDA wurde 1988 gegründet. Präsidenten: Sokratis Dimitriou 1988-1989, Günther Domenig 1990-1993, Michael Szyszkowitz 1994-1999, Ernst Giselbrecht 2000-2001, Harald Saiko 2002-2003, Irmfried Windbichler 2004-2005. Es folgen Gernot Ritter und Markus Bogensberger.

STUDENTENSTADT

Aus der gewählten Vogelperspektive zeigen sich außerhalb des Grüngürtels des Stadtparks in Richtung Osten nun gründerzeitliche Strukturen. Und wenn die Blockrandbebauungen auslaufen, bestimmen Villen mit üppigen Gartenflächen das städtische Gefüge. Diese Nahtstelle, diesen besonderen Raum, nützten und benützen die Stadt und die Universitäten gemeinsam, um die gesellschaftspolitische Integration von Lehre und Forschung im Stadtraum zu verfestigen. Eine konsequente Fortsetzung dieser Haltung wurde möglich durch eine kluge Strategie, die der schon erwähnte architekturbezogene Landeshauptmann in Wien an höchster Stelle mit dem Ziel der Bedarfsdeckung einzusetzen wusste, um ein neues Aufgabengebiet mit lang anhaltendem Wirkungsgrad an Graz zu binden: die neuen Bauten für die Universitäten. In schrittweiser Verdichtung sollten große Teile der vorhandenen Freiflächen mit universitären Funktionen aufgefüllt werden, eine Konzeption, deren Realisierung eine reiche Bautätigkeit für die neunziger Jahre versprach, heute aber bis auf wenige Ausnahmen abgeschlossen ist.[30] Die Stärke der Architekturszene zeigte sich darin, dass die meisten der für dieses Ziel österreichweit ausgeschriebenen, offenen Wettbewerbe von Grazer Architekturbüros gewonnen werden konnten.[31] Parallel dazu wurden für die erhebliche Anzahl von Bauaufgaben noch weitere Büros aus Graz herangezogen, sei es in beschränkten Wettbewerbsverfahren ermittelt oder aber auch direkt beauftragt.[32]Als protagonistisches Beispiel fällt das „ReSoWi" allein schon wegen seiner Größe auf, weil dieses einprägsame Bauwerk zum ausgedehnten

30 B14: Haus für Musik und Musiktheater (2008) sowie Wettbewerb „Erdwissenschaftliches Zentrum, Zentrum für molekulare Biowissenschaften", Wettbewerbssieger: H. Ohnmacht, Innsbruck, 2000.

31 Österreichweit ausgeschriebene Wettbewerbe für folgende Bauvorhaben (mit Wettbewerbsgewinnern) B08: Domenig-Eisenköck, ReSoWi-Fakultäten, WB 1985; B05: Kapfhammer-Wegan-Koßdorff-Kelz, III. Institutsgebäude, WB 1986, C03: Szyszkowitz+Kowalski, Biochemie und Biotechnologie, WB 1983, C12: Szyszkowitz+Kowalski, Studienzentrum Inffeldgründe, WB 1990, C13: Riegler-Riewe, Informationstechnische Institute, WB 1993.

32 Beschränkte Wettbewerbe: C02: G. Domenig, Institutsgebäude Lessingstraße, C01: Fekonja-Weigelt-Paar, Hörsaalgruppe Alte Technik. Direktvergaben: C06: Domenig-Eisenköck, Geodäsie, EDV, Mathematik, B11: V. Giencke, Gewächshäuser im Botanischen Garten, B10: K. Kada, Pflanzenphysiologisches Institut.

historischen Komplex der Karl-Franzens-Universität ein gekonntes Vis-à-vis darstellt und somit zu einem Bedeutungsträger für die neue Architektur in diesem Bezirk avanciert. Im Umfeld findet sich eine ganze Reihe von neuen Gebäuden, die bis in die Villenviertel hinein die vorhandene Struktur ergänzen und in ihrer städtebaulichen Maßstäblichkeit die Ziele der Einfügungspolitik erfolgreich dokumentieren.

Nur durch vier bis fünf Straßenzüge getrennt, beginnt mit dem stattlichen Gründerzeitbau der „Alten Technik" der zweite große Studentenbezirk, jener der technisch orientierten Fakultäten. Diese haben sich Schritt für Schritt im Wachstumsprozess und universitären Anspruch von nur drei Jahrzehnten vieler der noch vorhandenen Freiräume bemächtigt, eine Tatsache, die zur funktionellen Verdichtung dieses Stadtteiles führte. Das beginnt mit der teilweisen Besetzung des kleinen Parks an der Lessingstraße durch zwei neue Objekte und setzt sich fort an der Petersgasse, wo im Nahbereich der „Neuen Technik", einem Komplex aus den zwanziger Jahren, ebenfalls markante Neubauten entstanden sind. In ihrer blockrandähnlichen Bebauungsstruktur folgen sie dem dreieckigen Zuschnitt des verfügbaren Grundstückes und reagieren im innerstädtischen Verband auf die Spezifikationen der Umgebung, der Platz- und Straßenräume.[33]

Ganz anders in der Art zeigen sich jene Neubauten, die auf den Inffeldgründen vorzufinden sind, auf der neuesten und letzten der Stationen der Ausdehnungsaktivitäten der Universität in Richtung Süden. Auf einem weitläufigen Feld ehemaliger Gärtnereien baute sich ab den sechziger Jahren

33 C01-C05 und weiters K. R. Lorenz, Bibliothek der TU und Wettbewerb „Neubau eines Büro- und Forschungsgebäudes", Wettbewerbssieger: E. Giselbrecht, Graz, 2002.

die einzige campusähnliche Zone auf, und zwar in einer für Graz untypischen Bebauungsweise, denn in additiver Geometrie wurden neue Forschungs- und Lehrinstitute und ein Studienzentrum in Reihe gesetzt. Bauwerke, die in ihrer unterschiedlichen Architektursprachlichkeit, vom strengen Funktionalismus bis zu expressiven, aber auch minimalistischen Interpretationen, beredte Zeitzeugen für die jüngere Vergangenheit sind und dieses Areal mit den zukünftigen, in Planung befindlichen Ergänzungen zu einer typologischen Eigenheit formen.[34]

34 C12, C13, C14 und weiters Nussmüller, Gamerith, Kampits, Bautechnikzentrum sowie Wettbewerb "Multifunktionales Büro- und Forschungsgebäude", Wettbewerbssieger: H. Mesnaritsch, Graz, 2002.

STADT IN DER STADT

Es ist die großformatige Zeichenhaftigkeit einer auffallenden, geometrischen Ordnung von Gebäuden, die in weiterer Folge gegen Osten im Stadtbild einen besonderen Platz einnimmt. Auf einem Plateau, das sich über das Stadtniveau erhebt, steht eine ausgedehnte, rektangulär ausgerichtete Anlage, die einen bewusst gesetzten Abschluss der städtischen Bebauung zu bilden scheint: das Landeskrankenhaus.

Diesem vor etwa hundert Jahren errichteten Areal liegt eine revolutionäre Idee eines Spitalskonzeptes zu Grunde, das in seiner Art jedem internationalen Vergleich standhält. Damals vorerst als zu groß abqualifiziert, später aber hoch gelobt, erweist sich dieser intelligente Entwurf eines Krankenhauskomplexes bis heute als eine in vielen Bereichen äußerst anpassungsfähige Struktur.

Wie ein verkleinertes Spiegelbild einer Stadt funktioniert das heterogene System der einzelnen Bestandteile, die sich als Pavillons zu einem gegliederten Organismus fügen. Jeder Teil hatte in der Erfüllung seiner spezifischen

Aufgabe, in der Interpretation des Jugendstils, sein jeweiliges architektonisches Erscheinungsbild. In diesem Sinne wird diese Tradition mit dem Planungsleitbild „LKH 2000"[35] fortgesetzt und so finden sich neben denkmalgeschützten Objekten auch die neuesten Architekturen, die aus den aktuellen funktionellen Notwendigkeiten zu errichten waren. Ein Vorhaben, das sich noch in diesem Jahrzehnt fortsetzen wird und somit ein wesentliches Standbein der neuen Architektur bleiben kann. Die Politik investiert nämlich kräftig in die Wesenhaftigkeit von Gesundheit, wobei die baulichen Maßnahmen von sozialen und gesellschaftskulturellen begleitet werden. Mit dem Ziel, das persönliche Befinden des Patienten aufzuwerten eben auch durch die Wertschätzung des Ambientes, das ihn umgibt.[36]

IN DEN ENTWICKLUNGSACHSEN

Umkreisen Sie nun ein zweites Mal im Rundflug die Stadt, aber diesmal in einem weiten Bogen außerhalb des Stadtkernes in Richtung Süden, so wird sich vor Ihnen die gestufte Silhouette des mächtigen Wohnkomplexes der „Terrassenhaussiedlung" auftürmen.[37] Sie weist sich dominant als „Kopf" dieses stadträumlichen Quartiers aus und charakterisiert als bestimmender Bedeutungsträger diesen Bezirk als Wohnentwicklungsgebiet. Als direkte und pragmatische Umsetzung der utopischen Ziele der sechziger Jahre sollte dieses Wohnkonglomerat als ein Prototyp für die neue Entwicklung an der Südostachse entstehen. Aber diese Anlage blieb ein Unikat. Denn wie auch in anderen expandierenden Zonen planten und errichteten zur gleichen Zeit Baugenossenschaften mit öffentlichen Fördergeldern Serien von Wohnbauten, deren stereotype

35 Das Konzept einer Gesamtsanierung des Ensembles von 1987 sieht „[...] städtische Grundstruktur in der Bebauung; Erfahrbarkeit dieser Stadt für Fußgänger durch Schaffung eines autofreien Geländes; architektonische Vielfalt bei Zubauten; etappenweise Umsetzung bei vollem Spitalsbetrieb [...]" vor.

36 „Notwendige Neu- und Zubauten sollen selbstbewusst als solche erkennbar sein und dem Anspruch hoher architektonischer Qualität genügen." Berndt Martetschläger, LKH 2000 – ein Universitätsklinikum mit menschlichen Dimensionen, Artikel für 'Architektur Graz', Graz 2003. Der Autor ist Vorstandsdirektor der KAGes und Projektbeauftragter des Gesamtvorhabens „LKH 2000".

37 I15: Terrassenhaussiedlung (1978).

Zuschnitte ein Nachweis für die lang anhaltende Ohnmacht sind, einen stadträumlichen Maßstab im Sinne einer Stadtgestalt zu kreieren.
Ebendort hat auch die programmatische Absichtserklärung des „Modell Steiermark" angesetzt und seine „Kulturpolitik der Offenheit" in direkten Bezug gebracht zum Wohnungsbau. An dessen Dringlichkeit war die Thematik überzeugend darstellbar, und wie ein bewusst eingesetztes Paradoxon galt das architektonische Experiment als die wesentliche erneuernde Grundlage.[38]
Für viele Architektinnen und Architekten, vor allem für die jüngeren, wurde die Beschäftigung mit dem Wohnbau zur Existenzgrundlage ihrer Büros, ja vielfach ergab sich nach einem Wettbewerbserfolg überhaupt die erste Chance zu einer Realisierung. So entstanden außergewöhnliche Wohnbauten in origineller und individueller Ausformung in Graz und auch in der gesamten Steiermark.
Doch bedingt durch eine politische Neuorientierung auf Landesebene und die damit verbundene Umverteilung des Wohnbauressorts wurde den Architektinnen und Architekten dieses Fundament innovatorischer Möglichkeiten entzogen. Beendet wurde aber auch gleichzeitig ganz Entscheidendes, nämlich die Transparenz der Abwicklung von Wohnbauvorhaben. Wettbewerbe, die bis dato im Haus der Architektur juriert, ausgestellt, diskutiert und als Leistungsnachweis akzeptiert worden waren, verschwanden, und die Bauaufgaben landeten, als Gutachterverfahren etikettiert, in den wiedererstarkten Planungsabteilungen der Genossenschaften. Den wenigen Ausnahmen von dieser Praxis war eine mühevolle Entstehungsgeschichte beschieden.[39]

38 Modell Steiermark, Besser Planen – Rationeller Bauen – Schöner Wohnen, Steiermarkbericht, Broschüre 1976, S. 67-74.
Der Landtagsabgeordnete Hermann Schaller, u. a. Landesrat für den Wohnungsbau, beschäftigte sich 1978-1992 mit den vielfältigen Aspekten und Problemen des geförderten Wohnungsbaus.

Wenn auch dieser Umschwung oder besser Rückfall in der politischen Haltung gegenüber der Architektur im Wohnbau einschneidend war, so gelang es den gebauten Beispielen doch, vor allem im konzeptiven Bereich, einen Qualitätsstandard festzusetzen, der nicht mehr zur Gänze verlassen werden konnte.

DER SÜDEN DER STADT

Für den städtischen Raum einschneidend und entscheidend wirkt sich jedoch aus, wenn für unbestritten notwendige Expansionsschritte auf städtischem Territorium keine Visionen im Sinne einer einprägsamen Stadtgestalt entwickelt werden. Sie hat jahrzehntelang gefehlt, die erforderliche Suche nach charakteristischen Stadtidentitäten, die durch äußere Erscheinungsbilder zu postulieren wären, also durch erlebbare architektonische Gestalt von Stadtraum. Stadt als „lebenswerter Lebensraum" mag als Schlagwort für den Transport gesellschafts- und kulturpolitischer Inhalte gelten, sollte sich aber nicht in den juristischen Finessen und Abstraktionen eines Flächennutzungsplanes verlieren oder auf Verkehrsfragen beschränkt bleiben.[40] Ein Schritt in die Richtung einer umfassenden städtebaulichen und architektonischen, also bewusst räumlichen Gestaltung wurde erst sehr spät getan, und zwar durch den Wettbewerb mit dem Entwicklungsschwerpunkt Graz-Südost.[41] Diese Grundlage kam jedoch für das reale Procedere des Wachstums dieses Stadtteiles zu zögerlich, um noch wesentliche stadtplanerische Entscheidungen treffen zu können. Denn für viele Ziele waren die Weichen bereits falsch gestellt.

39 F06: Wohnanlage Nordberggasse, siehe auch Publikation: Lebensraum Wohnanlage Nordberggasse Graz, HDA Baudokumentationen 19, Graz 2002.

40 Im Jahre 1970 wurde erstmals ein Flächenwidmungsplan für die Stadt Graz aufgelegt.

41 Wettbewerb „Entwicklungsschwerpunkt Graz-Südost", Wettbewerbssieger: Langenmantel-Sacher, Graz, 1993.

So präsentiert sich zum Beispiel der Standort des Stadions in Liebenau als problematische Positionierung, weil dieses, einem stadträumlichen Korken gleich, die Eintrittssituation in die Stadt zum Nadelöhr abqualifiziert.[42] Es fehlt die Möglichkeit zur Geste des Empfanges, die für eine Stadt dieser Größe eine Verbindlichkeit sein müsste. Diese eingeforderte Bedeutung eines Stadttores für einen ablesbaren Beginn des Stadtkernes scheint nun eher der neuen, vereinnahmenden Stadthalle zuzukommen. Sie hat sich nun zu einem „Wächter" dieses Stadtbereichs stilisiert.[43] Ob jedoch eine Verlagerung des Areals der Grazer Messe in eine südlichere Region in Hinsicht auf eine passgenaue Stadtentwicklung nicht prinzipiell die bessere Entscheidung gewesen wäre, ist bereits müßig zu erwägen. Denn im Sog und optimistischen Geiste der allgemeinen Akzeptanz der Stadthalle könnte ihrem Umfeld, dem Messebereich, eine gesteigerte und über das ganze Jahr verteilte Funktionalität eröffnet werden.

42 106: Stadion (1997).

43 101: Stadthalle (2002).

DER NEUE WESTEN

Wenn Sie zum Abschluss der letzten Kehre auf dem Rundflug über Graz gegen Norden abdrehen, sind die Strukturelemente besonders augenfällig, die durch die bestimmende Schneise der Eisenbahn mit dem breiten Gleisfeld des Bahnhofes gebildet werden. Die Ähnlichkeit zur Zäsur, die von der parallel dazu verlaufenden Mur gegraben wird, lässt das Areal „Graz-West" doppelt ausgegrenzt und isoliert erscheinen. Um sich dieser Beeinträchtigung entgegenzustellen, sind Maßnahmen von besonderem Wert erforderlich. Da nur an bestimmten

Stellen Über- oder Unterführungen der Gleisanlagen angelegt werden können, sind umso mehr weitere, andere Schritte für diese Expansionszone zu setzen, die für das Bewusstsein, das psychologische und gesellschaftliche Befinden der Bevölkerung in eine spürbare Relevanz münden sollen. Es gilt, den Stadtteil, der außer der kräftigen historischen Setzung des Schlosses Eggenberg fast in unkoordiniertem Wildwuchs entstanden ist, mit räumlichen Ordnungsmustern zu versehen.[44]
Im Konkreten wird von der Zugkraft des Bereiches um die Fachhochschule[45] viel erwartet. In ihrem Umfeld, das zu einem Campus mit eigenem Studentenheim expandiert, könnte sich ein auf Innovation orientiertes Unternehmertum sesshaft machen und in Verbindung mit den bestehenden großflächigen Betriebsansiedelungen an der Westflanke des Bahnhofes zu einer neuen wirtschaftlichen Kompetenz für diesen Stadtteil führen. Ob hier eine Entwicklung zu einer ganzheitlich komplexen, städtischen Einheit erreicht werden kann, hängt von jenen Maßnahmen ab, die parallel zu diesen wirtschaftlichen Setzungen auf gesellschaftlicher und kultureller, aber auch architektonischer Ebene getroffen werden. Als ein positives Beispiel hierfür liefert eine ausrangierte Industriehalle mit dem Charme eines Zweckbauwerkes eine unprätentiöse räumliche Möglichkeit für kulturelle Nutzungen.[46] Ihre Existenz könnte im symbiotischen Nebeneinander mit den technologisch orientierten Einrichtungen im Umkreis der Hochschule ohne Zweifel zu einem neuen faszinierenden stadträumlichen Ambiente werden, womit diese Halle zu einem weiteren „Bezirkswächter" für Graz, zum Bedeutungsträger für den „neuen Westen" werden könnte.

44 Senatsrat Hansjörg Luser, Leiter des Amtes für Stadtentwicklung und Stadterhaltung führt das EU urban project „Graz-West – Raum für Zukunft" (urban II: 2001-2007).

45 K17: Campusgebäude Fachhochschulzentrum (2005).

46 K05: Helmut-List-Halle (2003).

GRAZ

Es liegt nun ohne Zweifel zum einen an der starken baulichen Struktur dieser Stadt mit ihren historischen Beispielen, die dem „neuen Bauen" die besondere Gelegenheit, ja geradezu die Herausforderung offerieren, immer wieder die gesamte Spannweite möglicher Auseinandersetzung zwischen architektonischem Erbe und zeitgenössischer Verantwortung zu erforschen.
Aber andererseits ist es sicherlich auch die Aufbruchssituation der Architekturszene aus den achtziger Jahren, die für die kräftige bilderreiche Realisierungsphase in den Neunzigern der entscheidende Impulsgeber war.
Und so findet sich innerhalb des stadträumlichen Rahmens diese große Zahl an innovatorischen „Details" im Stadtraum, die von großen bis zu kleinsten Bauaufgaben, vom Krankenhaus bis zum Geschäftsportal, vom Dachraumausbau in der Innenstadt bis zum Einfamilienhaus in der Peripherie sich alle als ausdrucksstarke Bestandteile eines kollektiven baukulturellen Anliegens ausweisen.
Und wenn sich diese Stadt als ein Stadtoriginal für historische, aber eben im Besonderen auch für neue Architektur zu positionieren versucht, so möge dies für Sie als Besucherin bzw. Besucher resultieren in Ihrer Lust auf eine subjektive Sichtweise der neuen architektonischen Objekte in Graz.

NACH DEM AUSNAHMEJAHR 2003

Vorbemerkungen zur vollständig überarbeiteten Neuauflage 2009

Sie haben nicht Recht behalten, alle jene, die der Stadt Graz nach dem Jahre 2003 als Kulturhauptstadt Europas eine architektonische Rezession voraussagten.

Sicherlich ist es nicht leicht, nach diesem Ausnahmejahr mit solch kulturellen Herausforderungen mit den so spezifischen Aufgaben wie Kunsthaus, Murinsel und mit den vielen anderen mehr eine gewisse Konzentration aufrechtzuerhalten. Sicherlich geben sich nun auch die neuen Aktivitäten und Aufgaben für die Stadt etwas profaner, pragmatischer, kostenorientierter. Dennoch versucht sich der Standard der Ambition in der Architekturszene konstant zu halten, wie dies an der Zahl der qualitätsvollen Beispiele neuer Architektur abgelesen werden kann: So hat das Autorenteam für die neue erweiterte Auflage des Architekturbegleiters Graz aus den ca. 150 vom HDA recherchierten, seit 2003 entstandenen Objekten mehr als 30 ausgewählt, die nun die neue Fassung des aktualisierten Werkes komplettieren.

Aus dem nun vorliegenden Repertoire der neuen Architekturen lassen sich nun einige Entwicklungen und Tendenzen erkennen:

Die Stadt ist gezwungen, bedingt durch ihre wirtschaftliche Lage nach dem Kraftakt für das anspruchsvolle Jahr 2003, mehr denn je auf private Investoren zu setzen.[47] Diese finden mit ihren Initiativen und Interessen dadurch auch Raum und Möglichkeiten, die im Stande sind, das beamtete Regulativ geradezu bis zur Herausforderung zu aktivieren. Das zeigt sich an einer Reihe von Beispielen, die mit dem Aushängeschild eines Anspruches für eine besondere Stadtraum- und Architekturqualität in Angriff genommen werden. Aber dann, wenn die behördlichen Hürden genommen wurden, bleibt in den Realisierungsphasen und beim „Abspecken" gerade diese Komponente der Haltung zur Architektur letztlich im Detail auf der Strecke.

Deshalb versucht die Stadt baukulturelle Qualität einzufordern, wobei Instrumentarien angedacht bzw. installiert werden, wie etwa ein Architekturbeirat neben der bestehenden, für die Schutzzonen zuständigen Altstadt-Sachverständigen-Kommission[48] und das Gremium des „Grazer Modells" als Projektentwicklungs- und -begleitungsinstanz, die die „Qualitätssicherung des städtischen Erscheinungsbildes" garantieren sollen.[49]

Im Aspekt dieser Zielvorstellungen wurden und werden nun Projekte von öffentlicher Hand initiiert, die aufgrund der intensiven Vorbereitungen tatsächlich gute Voraussetzungen besitzen und ein positives Gelingen versprechen. So haben bereits die prämierten Wettbewerbsergebnisse einiger städtischer Bauvorhaben architektonische Lösungen parat, mit denen die Grazer Architekturgeschichte fortgeschrieben werden kann. In der Stadtmitte möge als

47 Es gibt zur Zeit aktive Bestrebungen die drei wesentlichen innerstädtischen „Problemzonen" wie Thalia, Andreas Hofer Platz, Karmeliterplatz/Pfauengarten zu überdenken und neu zu definieren.

48 Das GAEG (Grazer Altstadterhaltungsgesetz) wurde im Jahre 2008 novelliert zum Zwecke, die Position der ASVK (Altstadt-Sachverständigen-Kommission) zu stärken.

49 Das „Grazer Modell" wurde vom Grazer Gemeinderat im Jahre 2006 beschlossen und beinhaltet vier Säulen: das Stadtforum (Stadtentwicklung), Bebauungsleitlinien (Gestaltungsvorschreibungen), Wettbewerbe (Qualitätskonkurrenz), Projekttisch (Verfahrensbegleitung).

Beispiel das aus drei Gebäuden bestehende Ensemble des Joanneums gelten. Dieses wird mit einem unterirdischen Neubau zu einem öffentlichen Platz- und Stadtraum zusammenspannt, wodurch sich der Stellenwert dieses zentralen, bisher etwas verlorenen Quartiers in einer neuen Konstellation zu einem kulturellen öffentlichen Schwerpunkt besonderer Qualität entwickeln könnte.[50]

Ähnliches hat die Steiermärkische Bank und Sparkassen AG als ersten Schritt bereits umgesetzt durch die Aufwertung des Sparkassenplatzes und Haupthauses.[51] Dem soll nun eine örtliche und funktionelle Konzentration aller ihrer bisher in der Stadt verteilten Abteilungen folgen, die in einer großformatigen Umgestaltung des Quartiers resultieren wird: ein Projekt mit protagonistischem und ökologischem Ansatz.

Auch auf der anderen Seite der Mur, im Westen, im besonders gestützten Entwicklungsgebiet der Stadt, gibt es nun auch einiges mehr, das sich nach langen, widersprüchlich orientierten Manövern zum Guten zu entwickeln scheint, wie das Areal um die Schwimmbadruine in Eggenberg. Auch hier hat ein Architektenwettbewerb ein neues Projekt gebracht, das diesem Stadtteil eine weitere Aufwertung verschaffen würde.[52]

Ein Beispiel der anderen Art könnte sich in einem erstaunlich breit angelegten Maßstab ebenfalls für den Westen von Graz entwickeln. Eine private Initiative hat sich zur Aufgabe gestellt, eine großformatige Konzeption umzusetzen. Das aufsehenerregende Stadtentwicklungs-

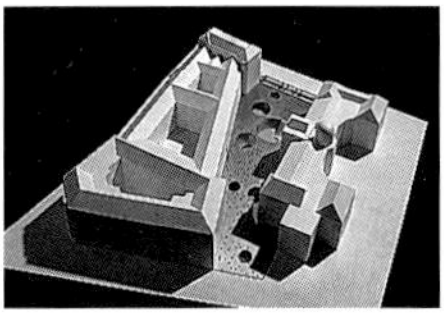

50 Joanneum Museumsviertel Wettbewerbsprojekt von nieto sobejano arquitectos.

51 A26: Sparkassenplatz (2006)

52 Die Architekten fasch & fuchs sprechen von einem Gebilde, das sich gleich einer Auster zum Freigelände öffnet und dieses zum Straßenbereich hin abschirmt.

projekt will auf einem Areal mit identer Flächengröße zur historischen Innenstadt einen neuen „urbanen Stadtteil" entstehen lassen.[53]

In Richtung Süden gebärden sich besonders auffällig, neben neuen Projekten um den Ostbahnhof, die publicity-orientierten Vorhaben mit der Bezeichnung „headquarter". So können große private Unternehmen Projekte vorzeigen, deren ambitionierte Architekturen, über Wettbewerbs- oder Gutachterverfahren gekürt, eine Identitätsvermittlung suchen, so z.B. in der Nähe der Messe, am Ostbahnhof, beim Stadion Liebenau und in Nähe zum Flughafen.[54]

Es gibt sie also nicht, die der Stadt mancherseits vorausgesagte und zugeschriebene „gebremste Dynamik" nach 2003. Die Kräfte bündeln sich nur in modifizierter Art. So lässt sich mit den neu gebauten Beispielen von Architekturen die Geschichte des Stadtoriginals Graz weiterschreiben.

53 Die Reininghaus-Gründe umgeben die ehemalige Brauerei desselben Namens, Gesamtfläche 540.000 m^2, mit gewünschter Baugebietsnutzung als Kern, Büro- und Geschäftsgebiet, aber auch als städtischer Wohnraum verschiedensten Charakters.

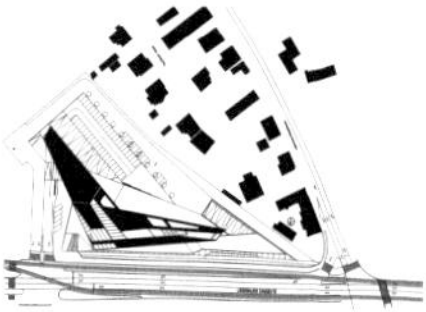

54 Styria-Headquarter (Architektur: Architektur Consult ZT GmbH)
MP09 – Headquarters UNIOPT Pachleitner Gruppe (siehe Abb.) (Architektur: GSarchitects ZT Gesellschaft m.b.H.)
Saubermacher AG Roth (Architektur: Bramberger Architects)

DIE RUNDGÄNGE

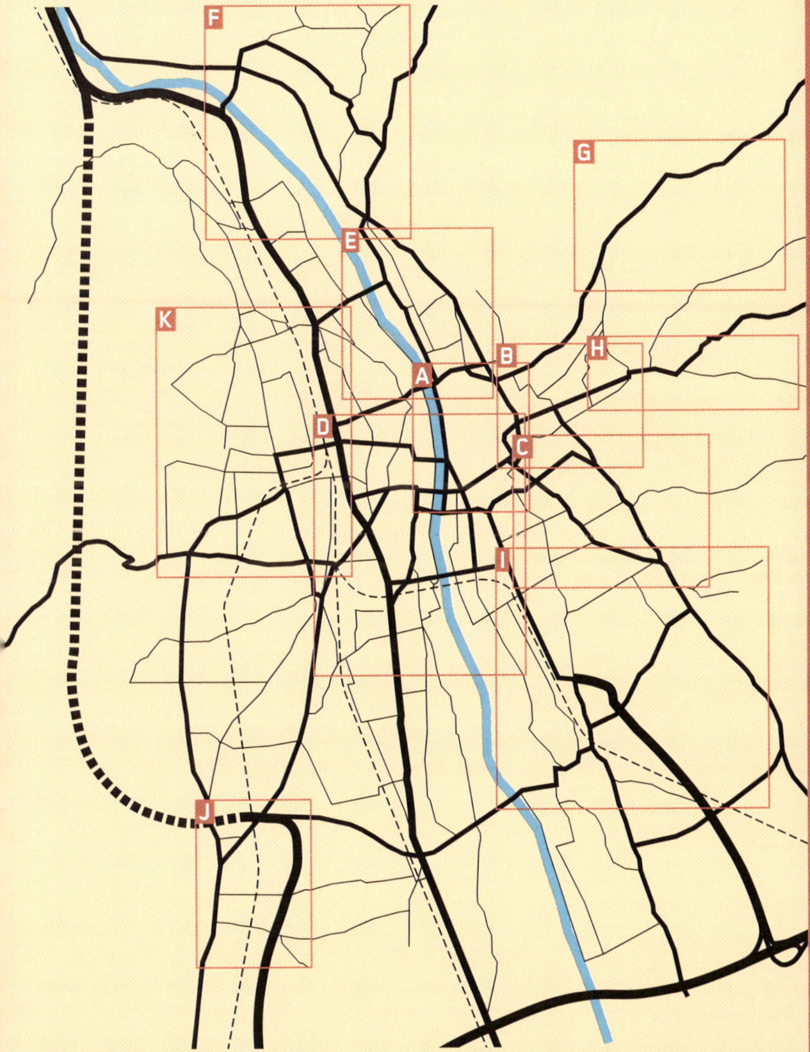
F
G
E
K
B
H
A
D
C
I
J

ERLÄUTERUNG

Objektnummer

A00 → Hauptplatz 1 — Adresse

RATHAUS — Objektbezeichnung

Wielemans – Reuter (1893) — Jahreszahl der Fertigstellung

Architektenname

mhc	Marie-Hélène Contal, Paris
gd	Grigor Doytchinov, Sofia
eg	Eugen Gross, Graz
pbj	Peter Blundell Jones, Sheffield
wt	Walter Titz, Graz
mw	Maria Welzig, Wien
frw	Frank R. Werner, Münster
fl	Franziska Leeb, Wien

AHS	Allgemein bildende höhere Schule
BG/BRG	Bundesgymnasium/Bundesrealgymnasium
BORG	Bundesoberstufenrealgymnasium
ESG	Gemeinnützige Eisenbahnsiedlungsgesellschaft Villach
GGW	Gemeinnützige Grazer Wohnungsgenossenschaft
HBLA	Höhere Bundeslehranstalt für wirtschaftliche Berufe
KAGes	Steiermärkische Krankenanstaltengesellschaft m.b.H.
KFU	Karl-Franzens-Universität Graz
KUG	Kunstuniversität Graz
LKH	Landeskrankenhaus - Universitätsklinikum Graz
RESOWI	Rechts-, Sozial- und Wirtschaftswissenschaftliche Fakultät
TU	Technische Universität Graz

PLÄNE

Alle Pläne sind in ihrer städtischen Lage genordet.

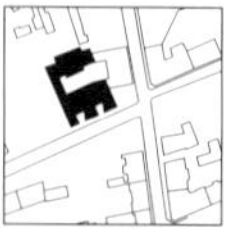

Bei Objekten vor 1990 sind die Grundrisse als schwarze Fläche dargestellt.

A

A 01 HAUPTPLATZ
Hauptplatz

A 02 KAUFHAUS KASTNER + ÖHLER
Sackstraße 7-13

A 03 KUNSTHAUS
Südtiroler Platz 2/Lendkai 1

A 04, A 05 MARIAHILFER- UND SCHLOSSBERGPLATZ
Mariahilferplatz; Schloßbergplatz

A 06 MURSTEG
Mariahilferplatz/Kaiser-Franz-Josef-Kai

A 07 MURINSEL
Kaiser-Franz-Josef-Kai/Lendkai,
Höhe Ökonomiegasse

A 08 CENTER AM KAI
Sackstraße 29

A 09 STADTMUSEUM
Sackstraße 18

A 10 LIFT IM BERG, DOM IM BERG
Schloßbergplatz

A 11 CAFÉ-BAR AIOLA UPSTAIRS
Schloßberg 2

A 12 SCHLOSSBERGRESTAURANT
Schloßberg

A 13 KASEMATTEN, MOBILE ÜBERDACHUNG
Schloßberg

A 14 VOLKSKUNDEMUSEUM JOANNEUM
Paulustorgasse 11-13, 13a

A 15 LANDESSPORTZENTRUM
Jahngasse 1

A 16 BUNDESPOLIZEIDIREKTION
Parkring 4

A 17 LANDESARCHIV
Karmeliterplatz 3

A 18 KARMELITERPLATZ
Karmeliterplatz

A 19 FORUM STADTPARK
Stadtpark 1

A 20 WOHNBAU GLACIS-MAIFFREDYGASSE
Maiffredygasse 2

A 21 STEIRERHOF
Jakominiplatz 12

A 22 JAKOMINIPLATZ
Jakominiplatz

A 23 TUMMELPLATZ
Tummelplatz

A 24 ALTE UNIVERSITÄT, BISCHÖFLICHES PALAIS
Bischofsplatz 4/Hofgasse 14

A 25 FÄRBERPLATZ
Färberplatz

A 26 STEIERMÄRKISCHE SPARKASSE UND SPARKASSENPLATZ
Sparkassenplatz

A 27 HUMANIC FLAGSHIP STORE
Herrengasse 1

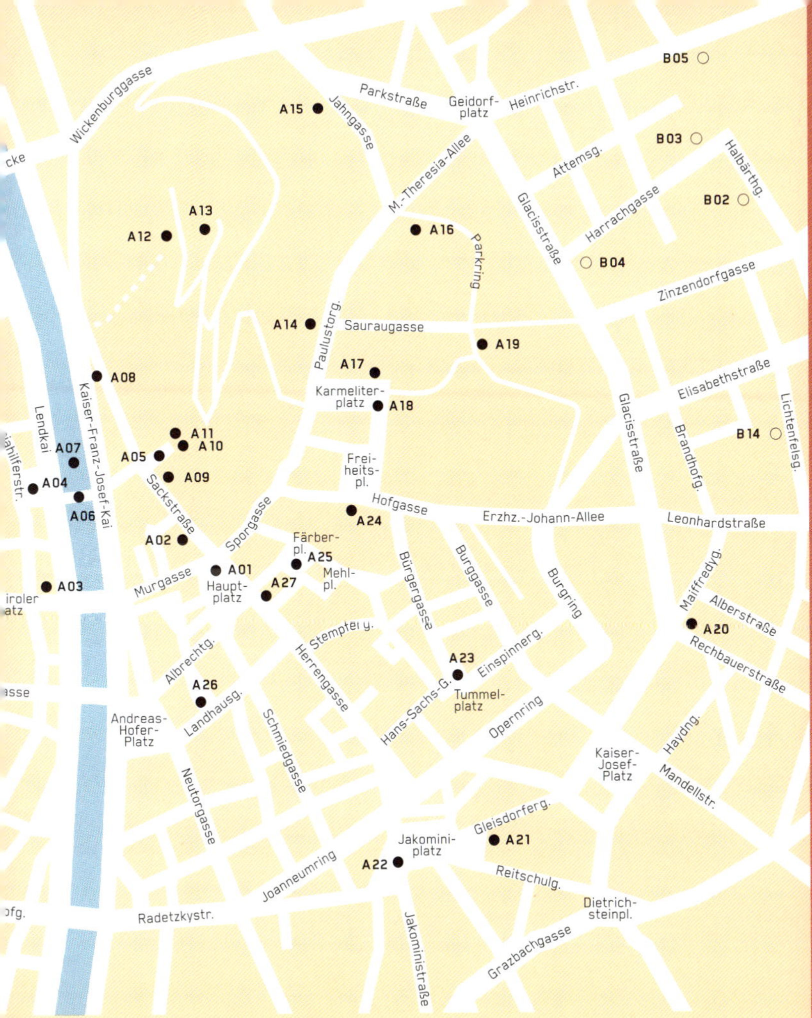

B05
Parkstraße
Geidorf-
platz
Heinrichstr.
A15
Jahngasse
Wickenburggasse
cke
B03
Halbärthg.
Attemsg.
M.-Theresia-Allee
B02
A13
A12
Harrachgasse
A16
Glacisstraße
Parkring
B04
Zinzendorfgasse
A14
Saurauggasse
Paulustorg.
A19
A17
Elisabethstraße
A08
Karmeliter-
platz
A18
Lichtenfelsg.
Lendkai
Kaiser-Franz-Josef-Kai
A11
A10
Glacisstraße
Brandhofg.
B14
A07
A05
Frei-
heits-
pl.
A09
A04
Sackstraße
Hofgasse
A24
Erzhz.-Johann-Allee
Leonhardstraße
A06
Sporgasse
Färber-
pl.
A02
A25
A01
Mehl-
pl.
Bürgergasse
Burggasse
Burgring
Maiffredyg.
A03
Murgasse
Haupt-
platz
A27
Alberstraße
iroler
atz
A20
Stempfer g.
Rechbauerstraße
Albrechtg.
A23
Einspinnerg.
Herrengasse
A26
Tummel-
platz
Hans-Sachs-G.
asse
Landhausg.
Andreas-
Hofer-
Platz
Schmiedgasse
Opernring
Haydng.
Kaiser-
Josef-
Platz
Mandellstr.
Neutorgasse
Gleisdorferg.
Jakomini-
platz
A21
A22
Joanneumring
Reitschulg.
Dietrich-
steinpl.
ofg.
Radetzkystr.
Grazbachgasse
Jakoministraße

HAUPTPLATZ

Markus Pernthaler (2002)

Der architektonisch so bemerkenswerte Hauptplatz mit seinen bis zur Gotik zurückreichenden Häuserfassaden war seit vielen Jahren nur mehr als Ansammlung unterschiedlichster Marktstände wahrnehmbar. Markus Pernthalers Leitidee für die Neugestaltung war daher eine Bereinigung der Situation zur Wiedergewinnung des Platzcharakters. Der Platz soll wieder als solcher zur Wirkung kommen: in seiner prägnanten Dreiecksform, mit den bunten Fassaden und der Blickachse zum Schloßberg. Einen wesentlichen Aspekt des Konzeptes stellt das Erzherzog-Johann-Denkmal aus dem 19. Jahrhundert dar: Die Geometrie des Platzes wurde so verändert, dass der höchste Punkt wieder in den Sockel des Denkmales rückt. Die neue Kiosk-Zeile und die Straßenbahnstationen sind nun einheitliche, elegante Stahl-Glas-Konstruktionen. Einen Qualitätssprung bedeutet weiters das sorgfältig entwickelte Beleuchtungskonzept, das den Platz in der Nacht in indirektes und farbechtes Licht taucht. mw

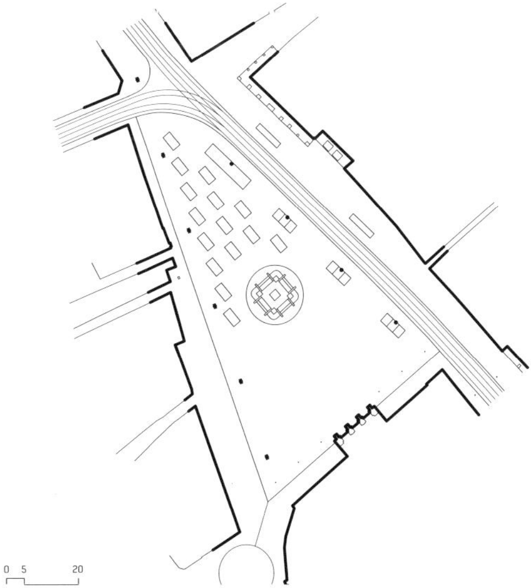

A 02 → Sackstraße 7-13

KAUFHAUS KASTNER + ÖHLER

Michael Szyszkowitz+Karla Kowalski (2003)

Das ehemals gründerzeitliche Kaufhaus-Juwel glich nach einem rücksichtslosen Umbau in den sechziger Jahren einer von Rolltreppen dominierten Wüste. Ende der achtziger Jahre kam die Rückbesinnung auf architektonische Qualitäten. Die Neugestaltung mit einer Fülle von innovatorischen architektonischen Details, wie etwa dem gläsernen Vordachgefüge in der Sackstraße, der Überdeckung des Hofes des Jugendstilhauses, den beiden mehrgeschossigen gläsernen Brücken und einem zur Mur gerichteten Bauteil eigener Physiognomie, zeugt von einem sensibel-mutigen Dialog der Architekten mit der noch vorhandenen historischen Substanz. Das Großkaufhaus im Herzen der Altstadt ist nun ein Ort, der mittlerweile fast ein ganzes Stadtquartier umfasst und an dem sich Grazer Baugeschichte konzentriert studieren lässt: von der Spätrenaissance über den Jugendstil bis in die Gegenwart. Von besonderer Bedeutung für die Infrastruktur sind auch die von denselben Architekten unter dem historischen Komplex des Admonter Hofes realisierte innovatorische Tiefgarage und das sechsgeschossige Logistikgebäude.
Eine neue Dachlandschaft entsteht aus der Handschrift der spanischen Architekten nieto sobejano arquitectos. wt

A 03 → Südtiroler Platz 2 / Lendkai 1

KUNSTHAUS

Peter Cook – Colin Fournier (2003)

Man betritt den Museumskomplex vom Südtiroler Platz oder vom Lendkai und befindet sich in einem gläsernen Sockel. Das scheinbar blasen- oder wolkenartig darüber schwebende, dominante Volumen umhüllt mit einer Spannweite von bis zu 60 Metern stützenfrei zwei Ausstellungsebenen. Rampen und Laufbänder sorgen für deren Erschließung. Durch schräg gestellte Lichttrichter fällt Tageslicht ein. Über eine Brücke in luftiger Höhe ist die „Blase" ebenso mit dem denkmalgeschützten Nachbarbau des „Eisernen Hauses" von 1847 verbunden. Zur Flussseite hin geht der organische Baukörper in rund 16 Metern Höhe in ein stereometrisch verglastes Belvedere des Cafés über. Von dort aus bietet sich ein vorzüglicher Panoramablick über die Grazer Altstadt. Fast die Hälfte der geforderten Baukubatur, welche die nicht auf Repräsentation ausgerichteten Funktionsräume umfasst, wurde hingegen in Kellergeschossen unter dem filigranen Oberbau untergebracht. Das tags- wie nachtsüber geheimnisvoll pulsierende Kultus-Objekt beinhaltet erwartungsgemäß zahllose Innovationen in bautechnologischer Hinsicht. frw

A 04 → Mariahilferplatz

MARIAHILFERPLATZ

Team A Graz (1994)

A 05 → Schloßbergplatz

SCHLOSSBERGPLATZ

Manfred Zernig (2000)

Das Leitbild der „Kulturachse" über die Mur bedeutete für die innere Stadtentwicklung und den traditionell weniger beachteten Stadtteil am rechten Murufer eine entscheidende Aufwertung. Zentraler Teil dieser Achse ist die neue Verbindung Schloßbergplatz – Mursteg – Mariahilferplatz. Der Mursteg mit der dynamisch auskragenden „Nase" interagiert wirkungsvoll mit dem Mariahilferplatz. Beide Plätze zählen vor allem hinsichtlich ihres landschaftlichen Konnexes – zum Fluss und zum Schloßberg – zu den schönsten der Stadt. Entsprechend zurückhaltend und zeitlos waren die Gestaltungsmaßnahmen der Architekten – Team A Graz für den Mariahilferplatz und Manfred Zernig für den Schloßbergplatz: Im Wesentlichen beschränkten sich die Eingriffe auf die Schaffung eines regelmäßigen, strukturierenden „Teppichs" in Form einer quadratischen Bodenrasterung – eine Gestaltung, die viele italienische Plätze kennzeichnet. Eine spezielle Note erhielt der Mariahilferplatz durch einen Brunnen in Form direkt aus dem Boden sprühender Fontänen, der Schloßbergplatz durch Zernigs „Leuchtstelen". mw

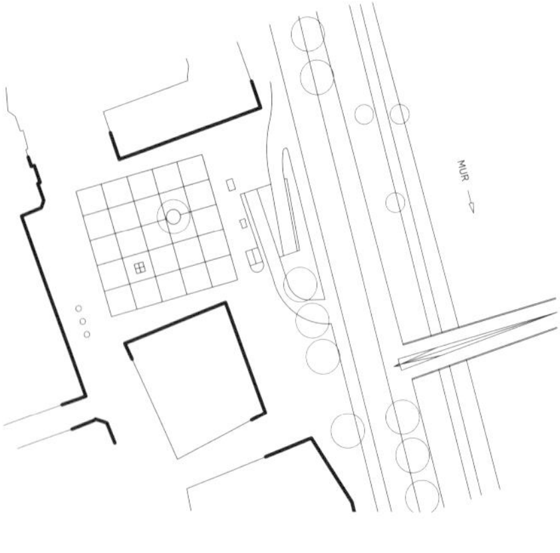

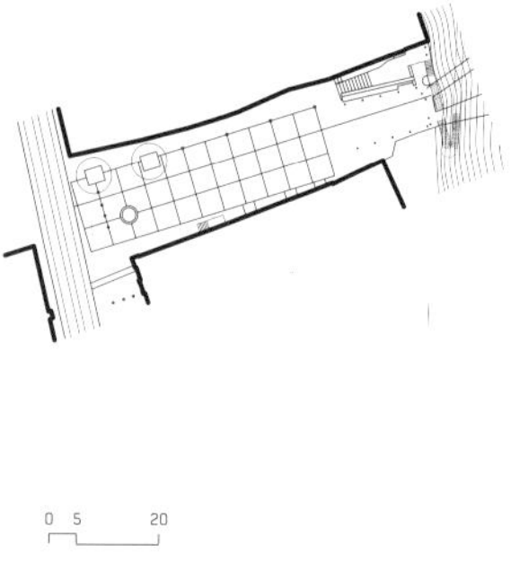

DOM
IM
BERG

A 06 → Mariahilferplatz / Kaiser-Franz-Josef-Kai

MURSTEG

Günther Domenig – Hermann Eisenköck (1992)

Die Partnerschaft Domenig-Eisenköck hat sich bisher durch imposantere Gebäude einen Namen gemacht. Der schmale Steg über die Mur – für Fußgänger und Radfahrer vorgesehen – hat der Stadt aber neuen Schwung verliehen. Diese neue Verbindung zwischen der Altstadt im Osten des Flusses und der im Westen gelegenen Vorstadt befindet sich am sensibelsten aller Standorte: am Fuße des Schloßbergs. Die Ästhetik dieses Stegs mit seiner Unterspannung könnte als provokant gelten, wäre sie nicht durch den Willen gerechtfertigt, an diesem Ort nichts Schweres oder Undurchlässiges zu errichten. Dieser Steg ist wie ein Bogen, der sich zwischen den Ufern spannt: scharf, vibrierend, leicht. mhc

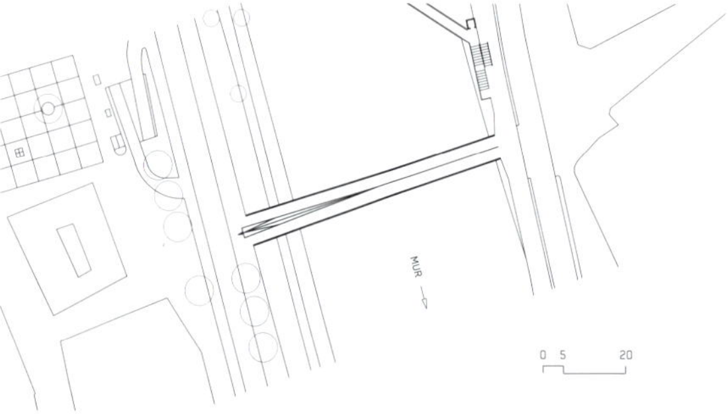

MURINSEL

Vito Acconci (2003)

Vorerst als Projekt auf Zeit ist die künstliche Insel des New Yorker Künstlers Vito Acconci konzipiert. Von einem weitaus größeren Entwurf ausgehend, ist die realisierte Insel eher ein Schiff, das nördlich des Murstegs ankert. Über zwei Stege erreichbar, die im ursprünglichen Plan als Zugangsröhren unter Wasser vorgesehen waren, bietet die maximal 300 Personen fassende Stahlrohrgitter-Konstruktion in ihrer Muschelform ein offenes „Amphitheater" für kleinere Veranstaltungen und einen überdachten Gastronomiebereich. Die Aufgabe, den Stellenwert der Mur zu heben, ist der eine, der andere Zweck von „Acconci Island" ist jener, eine Trademark für Graz als „Europäische Kulturhauptstadt 2003" zu schaffen. Eine Chance auf eine dauernde Installation der Murinsel wird jedoch nur dann bestehen, wenn sie zu einem Treffpunkt der Bevölkerung mit entsprechendem kulturellem Angebot wird. wt

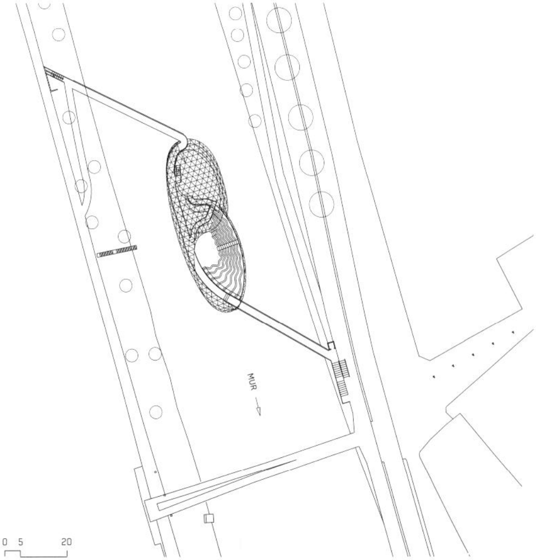

A 08 → Sackstraße 29

CENTER AM KAI

Günther Domenig (1994)

Das Center am Kai setzt ein markantes Zeichen am Eingang in die Altstadt. Weil sich an dieser Stelle ursprünglich tatsächlich ein Turm befand, wollte auch Günther Domenig seinen Bau mit gemischter Nutzung (Geschäfte, Büros, Restaurant) turmartig anlegen. Diese an jenem Ort zwangsläufig durch Argumente des Altstadtschutzes umstrittene Idee ist noch spürbar. Aber auch in redimensionierter Form ist das Center am Kai ein spannender Akzent, der zeigt, dass neues Bauen in alter Umgebung trotz gestalterischer Kompromissbereitschaft gelingen kann. Der auf einem spitz zulaufenden, dreieckigen Grundstück realisierte Bau ist auch ein weiteres Beispiel der Vorliebe des Architekten für dynamische Entwürfe, für eine Architektur, die Bewegung in das Umfeld bringt. wt

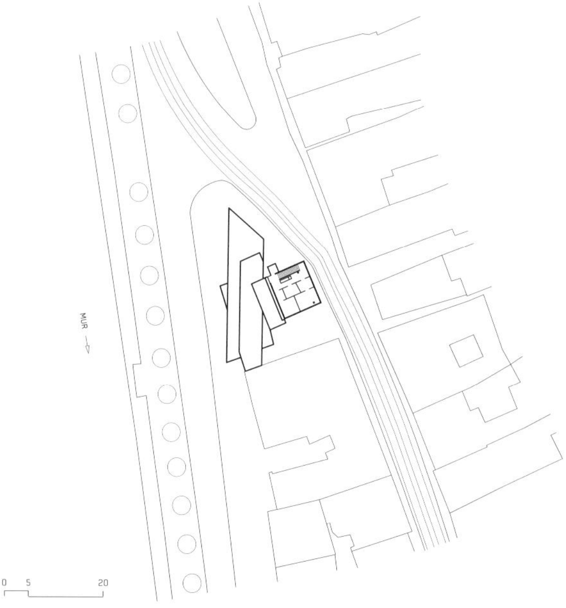

A
H

STADTMUSEUM

Jörg und Ingrid Mayr (1997)

Der Umbau des Grazer Stadtmuseums, welches seit 1969 in einem vielfach umstrukturierten historischen Stadthaus logiert, ist Ergebnis eines Wettbewerbes. Aus der Koexistenz von denkmalpflegerisch Sakrosanktem und frisch Implantiertem entstanden neue binnenräumliche Qualitäten. So wurden Fensterachsen und Bogenfelder im Erdgeschoss zwecks besserer Einsehbarkeit und größerer Transparenz weit geöffnet. Ein großes Glasfeld im Foyerboden eröffnet ein Zeitfenster zum Untergrund, wo betonausgekleidete Gänge mit subtil gestalteten Nahtstellen zwischen Alt und Neu entstanden sowie ein zweigeschossiger Keller- und Ausstellungsraum mit Sichtbezug zur Straßenfront installiert wurde. Mittelalterliche Flusskiesböden, Mauerreste und Senkgruben, welche beim Umbau archäologisch ergraben wurden, blieben als authentische Exponate direkt an Ort und Stelle. Der neue Betonschacht für den offenen Lift ermöglicht dank diverser Sichtfenster zu Foyers, Geschossen, Stiegenhaus und Hof eine Art von Zeitreise durch die komplexe Historie. Nicht spektakuläre ästhetische Manipulationen, sondern spürbare Zugewinne an stillen binnenräumlichen Sensationen bestimmen die neue Qualität des alten Hauses. frw

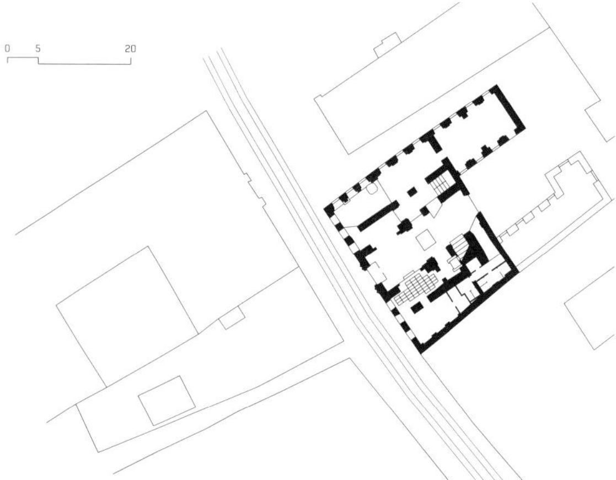

LIFT IM BERG
Reiner Schmid (2000)

DOM IM BERG
Reiner Schmid (1999)

Zur öffentlichen Erschließung vom Talgrund zum Burgberg existieren derzeit in Europa zwei gestalterisch spektakuläre Aufzugsanlagen. Die eine steht in Bellinzona und wurde von Aurelio Galfetti konzipiert, um das hoch gelegene Castelgrande zu erreichen, die zweite, sehr viel größere, befindet sich in Graz, um Stadt und Schloßberg zu verbinden. Während die hochstilisierte Tessiner Anlage eine fast sakrale Wegführung zelebriert, demonstriert ihr Grazer Gegenstück sowohl in den Zugangs- und Zwischenstollen als auch in der vertikalen Ausgestaltung von Aufzugsschacht und Treppenspirale ganz bewusst eine grobkörnige materielle Härte und Detail-Dimensionierung. Mit Hilfe dieser Härte stemmt sich das komplexe Gefüge aus schweren Metallgerüsten, Laufgittern und Treppenbrüstungen effektiv gegen den bedrohlichen Fels. frw

Diese Halle im Berg zählt zu den eindrucksvollen archaischen Räumen der Stadt. Und auch die kathedralartig hohe Röhre des „Doms" präsentiert sich ähnlich programmatisch grob wie die Liftanlage. Architektur im herkömmlichen Sinne gibt es lediglich bei der Einmündung des Zugangsstollens. Dort wird eine Stirnwand der Röhre von einem raumhoch eingestellten Wandschirm aus Beton beherrscht, hinter dem sich zwei auskragende Emporen befinden. Da der Raum überwiegend für Konzerte und ähnliche Veranstaltungen genutzt wird, erfolgt die Regie der Events von hier aus. In der Längsachse wird der Scheitel der Röhre von einem abgehängten überdimensionalen Fachwerkträger aus Metall beherrscht, an dem die gesamte technische Infrastruktur für eine Konzertnutzung befestigt ist. frw

CAFÉ-BAR AIOLA UPSTAIRS, SCHLOSSBERG

Siegfried Frank/Michael Rieper (2003)

Mit einem neuen Café anstelle eines alten Gärtnerhauses gelang die Schaffung eines neuen Treffpunkts für Grazer und Grazbesucher. Der Platz in unmittelbarer Uhrturmnähe und die Erreichbarkeit durch einen Lift sind optimal. Die großzügige Terrasse mit Stadtblick und die transparente Architektur tragen das ihre zur Attraktivität bei. Die zur Stadt ausgerichteten Glaswände des weniger als hundert Quadratmeter großen Cafés sind bei Bedarf hydraulisch versenkbar, der Innenraum wird Teil des Außenraums. Durch die Verwendung des gleichen Mobiliars werden die Grenzen zwischen außen und innen weiter verwischt, lediglich unterschiedliche Böden setzen Markierungen. Zum Berg hin jedoch wirkt der klar strukturierte Bau durch die Verwendung von Stainzerplatten massiv. wt

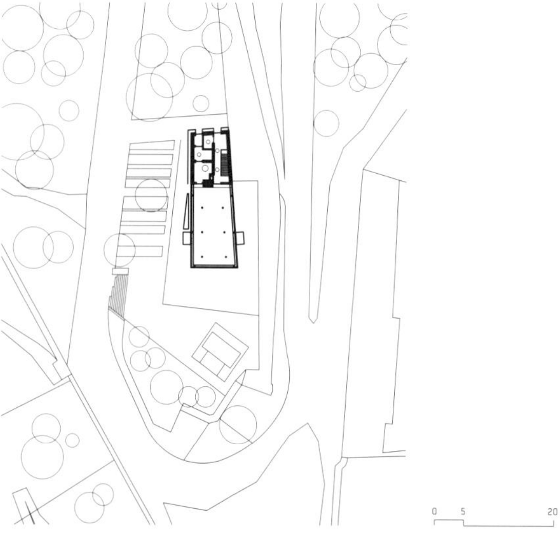

SCHLOSSBERGRESTAURANT

Christian Andexer, Georg Moosbrugger (2007)

Jahrelange Diskussionen gingen voraus, bis eine Um- und Neuplanung des Schloßbergrestaurants in seiner ausgesuchten Lage in die Wege geleitet werden konnte. Das ist dem in klarer Formensprache realisierten Bau aber kaum anzumerken, da auf die vorhandenen Strukturen reagiert wurde. Insgesamt darf von einer beachtlichen Aufwertung der örtlichen Situation gesprochen werden. Die Architekten haben neben der zurückliegenden Restaurierung der Uhrturmkasematten und der Freilegung des Gotischen Tores mit dem Schloßbergrestaurant die Fähigkeit zum Umgang mit historischer Bausubstanz gezeigt, mit der „Skybar" als Aussichtsplattform aber auch Mut zu Neuem bewiesen. wt

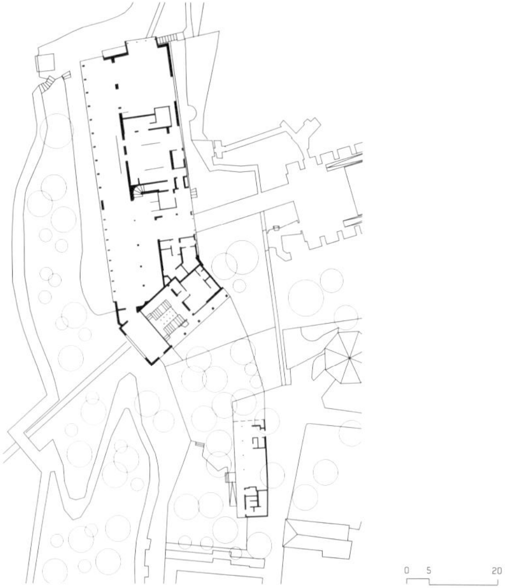

SCHLOSSBERG

KASEMATTEN, MOBILE ÜBERDACHUNG

Jörg und Ingrid Mayr (1987)

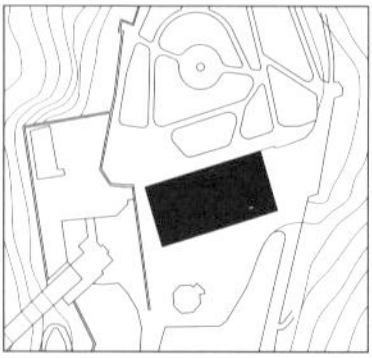

Die Kasematten des Grazer Schloßberges, einst Vorratsräume und Gefängnis der nach den Napoleonischen Kriegen zerstörten Festung, dienten schon lange Zeit als Festplatz und Freilufttheater. Der offene „Saal" mit seinen aus dem Stein ausgehauenen Loggien war jedoch auf Grund der Beeinträchtigung durch das Wetter in der Nutzung eingeschränkt, sodass eine mobile Überdachung von 50 x 19 Metern Fläche vorgesehen wurde. Die architektonische Lösung nutzt das natürliche Gelände des Felseinschnittes auf optimale Weise, indem auf Schienen auflagernde, gekrümmte Deckenelemente über den gesamten Raum gefahren werden können, bei schönem Wetter aber als zusammengeschobenes Paket den Luftraum freigeben. Die Stahlkonstruktion hat eine Überspannung aus Membranen erhalten, die transluzent sind und den Eindruck eines leichten Zeltes vermitteln. Diese architektonische Intervention hat die Kasematten zu einem weniger wetterabhängig bespielbaren Veranstaltungsort werden lassen, der für Theater, musikalische Ereignisse und Festbankette geeignet erscheint. eg

A 14 → Paulustorgasse 11-13, 13a

VOLKSKUNDEMUSEUM JOANNEUM

BWM Architekten (2003)

Das Grazer Volkskundemuseum befindet sich in einem ehemaligen Kapuzinerkloster an der Westseite der Paulustorgasse, der einstigen Ausfallstraße der Stadt in Richtung Osten. Thema der permanenten Ausstellung des 1913 gegründeten Museums waren Objekte der Alltagskultur. 1998 wurde ein Wettbewerb für die Renovierung des Gebäudes ausgeschrieben, das über lange Zeit hinweg vernachlässigt worden war. Durch eine geschickte Umgestaltung der vorhandenen Bausubstanz versuchte das Architektenteam Bernard Ebner Hasenauer & Ferenczy die Ausstellungsflächen zu rationalisieren und den Eingangsbereich sowie die räumliche Abfolge zu verbessern. Einige behutsam gesetzte moderne Akzente heben sich deutlich von der alten Bausubstanz ab, insbesondere das aus Glas und Stahl gestaltete Schaufenster an der Straßenecke und die röhrenförmige Glasbrücke, die das alte Gebäude mit dem aus den dreißiger Jahren stammenden Anbau im Norden verbindet. pbj

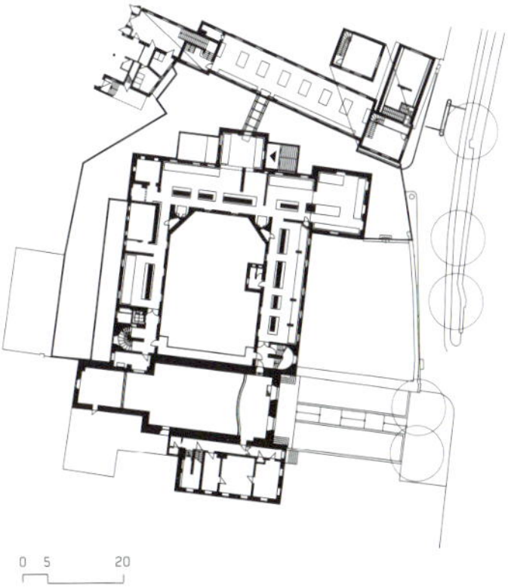

A 15 → Jahngasse 1

LANDESSPORTZENTRUM

Alfred Bramberger (1993)

In den 130 Jahren, seit die Landesturnhalle am Rande des Parks erbaut wurde, hat sich das Wesen des Sports ebenso sehr gewandelt wie die damit einhergehenden Anforderungen: weg von spartanischer Disziplin hin zu konsumorientiertem Lifestyle. Die Modernisierung der Anlage ging ohne Zerstörung vonstatten, das ursprüngliche Gebäude wurde jedoch einem radikalen Umbau unterzogen. Die alten Mauern blieben erhalten und wurden durch eine neue, zentral gelegene Treppe ergänzt, die direkt in den ersten Stock zu einer Cafeteria und Tribüne im Herzen des Gebäudes führt. Eine ganze Reihe neuer funktionaler Räume mit gelungenem Innenausbau und guter Ausstattung steht zur Verfügung. Als wesentlichste Veränderung zeigt sich die Erschließung des Gebäudes durch zusätzliches Tageslicht, größere Transparenz und bessere Einsehbarkeit. Die hochmodernen Gestaltungselemente entsprechen ganz den neunziger Jahren: einfach, effizient, zurückhaltend. Mit seiner verglasten Treppe und der vorspringenden Trommel weist das Haus des Sports – ein kleinerer Pavillon am westlichen Ende der Anlage – äußerlich die größten Veränderungen auf. Die Beziehung zwischen Alt und Neu ist durchwegs von einer Kompromisslosigkeit gekennzeichnet, die die bestehende Bausubstanz eher als Rohmaterial sieht denn als Architektur, die selbst Respekt verdient. pbj

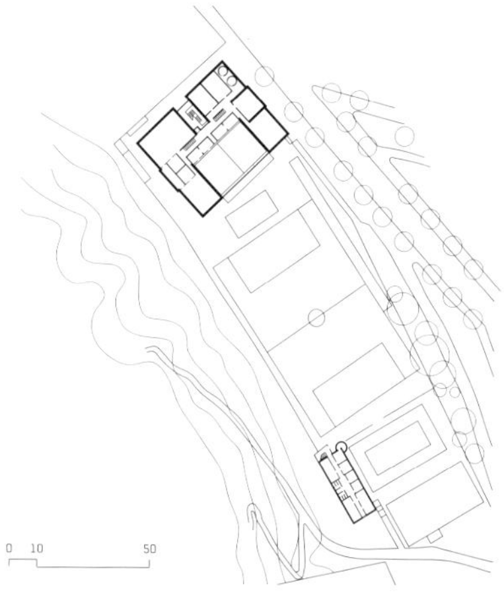

A 16 → Parkring 4

BUNDESPOLIZEIDIREKTION

Team A Graz (1994)

Die Notwendigkeit der Zusammenführung der Ämter und des damit verbundenen Kundenverkehrs hat zu einer Erweiterung des ehemaligen denkmalgeschützten Anatomiegebäudes geführt. Der U-förmige Erweiterungsbau führt den gesamten Baukörper zu einer nahezu quadratischen Konfiguration, transparente Verbindungen heben jedoch Alt- und Neubestand hervor. Ein kontrastierend leichtes Glasdach am Portal signalisiert die neuen Inhalte und schafft die Überleitung über das neu gestaltete Stiegenhaus in die glasüberdachte Besucherhalle. Die Galerie im Obergeschoss unterstreicht den kommunikativen Charakter dieser Halle. Die leichte Drehung der frei stehenden Treppe in genannter Halle in Entsprechung mit dem Stiegenhaus an der Rückfront löst die orthogonale Wirkung des Blocks auf und führt zu einer Dynamisierung des Raumerlebnisses. gd

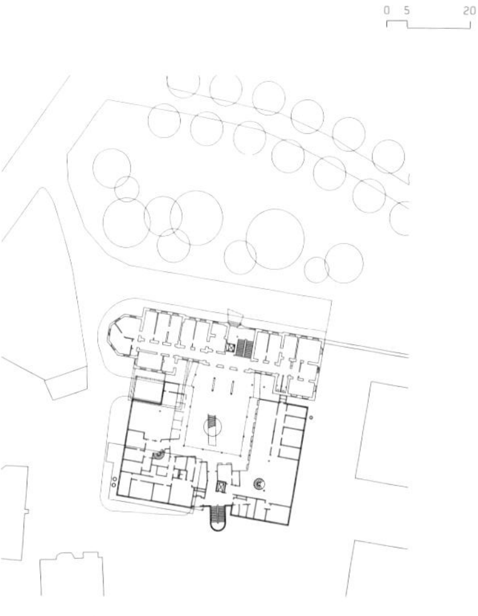

A 17 → Karmeliterplatz 3

LANDESARCHIV

Jörg und Ingrid Mayr (2000)

Die wichtigste Voraussetzung eines Archivs sind große Depoträume, die eine sichere Aufbewahrung der Dokumente unter stabilen Umweltbedingungen ebenso erlauben wie die öffentliche Zugänglichkeit. Das ehemalige Karmeliterkloster unweit des Stadtzentrums bot einerseits den erforderlichen Raum in einem großen institutionellen Gebäude, für das kaum anderweitige Nutzungsmöglichkeiten bestanden. Andererseits wurde so das Problem eines riesigen Neubaus mit nichts sagender Fassadengestaltung vermieden. Die Adaptierung des Gebäudes erforderte das Einziehen neuer Geschosse für die Lagerräumlichkeiten sowie die Überbauung des gesamten zentralen Raums mit einer riesigen Kuppel. Die Büros der Mitarbeiter sind ebenso wie die öffentlich zugänglichen Lesesäle in den alten Flügeln des Bauwerks untergebracht, deren schöne, straßenseitig ausgerichtete Räume mit traditionellen Fenstern versehen sind. Das für die Öffentlichkeit augenfälligste Merkmal ist ein kühnes Wandgemälde einer Sonnenuhr an der Fassade, das die veränderte Nutzung und Bedeutung des Gebäudes auf unzweideutige Weise zur Darstellung bringt. pbj

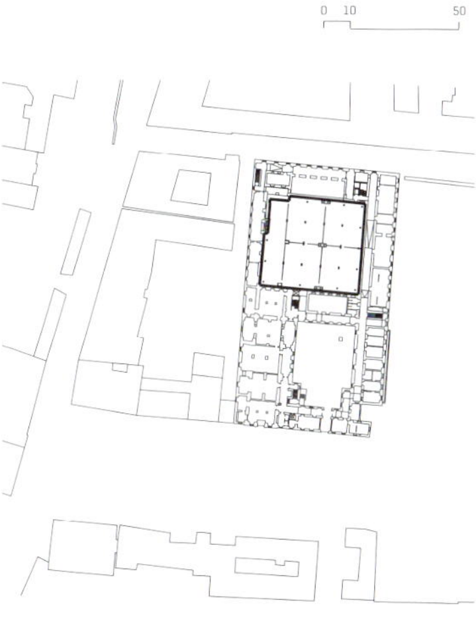

KARMELITERPLATZ

Norbert Müller mit urban filter (2005)

Der dreiseitig umschlossene Platz am Fuß des Schloßbergs wurde nach einer Umfrage unter der Bevölkerung auf der Grundlage eines dafür ausgelobten Wettbewerbes neu gestaltet. Die Jury des dafür ausgelobten Wettbewerbs würdigte die „großzügige städtische Lösung ..., die die Möglichkeit in sich trägt, auch kleinteilige Bereiche zu nutzen." Die Neugestaltung des bis dahin als Park- und Verkehrsfläche genutzten Stadtraums zielt darauf ab, einen verkehrsberuhigten Freiraum mit Ruhezonen für die Bevölkerung zu schaffen. Das Streifenmuster der Betonsteinpflasterung verdichtet sich an den Rand-Zonen verstärkter Frequenz, zur Mitte hin ist eine Auflockerung sichtbar. Während die südliche Längsseite mit einer Wasserfläche und Raum für unterschiedliche Veranstaltungen als Aktivitätszone dient, ist die Nordseite mit zwei Baumreihen und Sitzbänken als Erholungszone ausgebildet. Die im Zusammenhang mit der Platzgestaltung erfolgte Errichtung einer Tiefgarage unterhalb des Platzes, mit Einbindung des „Pfauengartens" an der Ostseite, hat insofern auf die Gestaltung Einfluss genommen, als Zufahrten und Abgänge in das Konzept vorteilhaft integriert wurden. fl

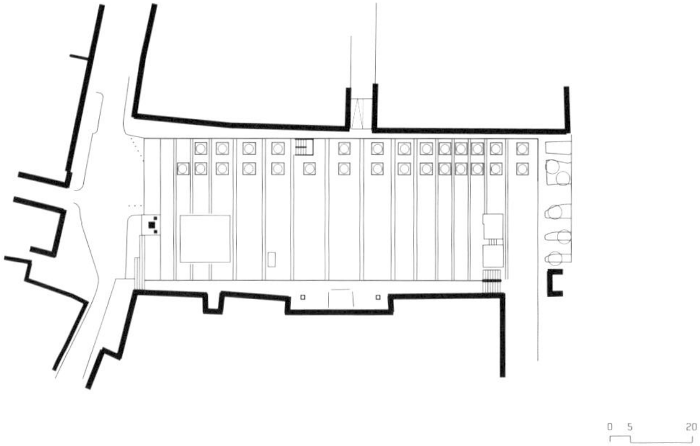

FORUM STADTPARK

Ernst Giselbrecht, Peter Zinganel (2000)

Das Forum Stadtpark ist eine Grazer Kulturinstitution von herausragender Bedeutung, die 1958 von einer Gruppe von Künstlern und Schriftstellern gegründet wurde. Ein leer stehendes Parkcafé wurde zu einem Ausstellungs- und Diskussionsort umgestaltet, in dem die Avantgarde eine neue Heimat fand. Da das kleine Gebäude den Ansprüchen nicht mehr genügte, wurde in den späten neunziger Jahren nach langwierigen Debatten und Auseinandersetzungen um die Finanzierung ein radikaler Umbau in Angriff genommen. Die Architekten sahen sich vor die Aufgabe gestellt, Baumwurzeln sowie bestehende Fundamente zu berücksichtigen. Das neu entstandene Gebäude ist dennoch größer und öffnet sich stärker zum Park hin. Als effektivster Kunstgriff der Architekten erweist sich die scheinbare Erweiterung des Obergeschosses in Form eines vorkragenden Rahmens, der einige Bäume umschließt. Ausgestattet mit Sonnenjalousien und Projektionswänden besteht die Hauptfunktion des Zubaus darin, vom T-förmigen Grundriss des ursprünglichen Gebäudes abzulenken und eine neue, zum Park hin ausgerichtete Vorderfront zu schaffen. Der Eingang wurde auf der Rückseite belassen und geht in eine offene Halle mit Glasdach und frei gespannter Treppe über. Der große, T-förmige Ausstellungsraum im Erdgeschoss kann unterteilt werden, während der erste Stock Büros und Ateliers mit einem zwischen den Bäumen schwebenden Balkon beherbergt. pbj

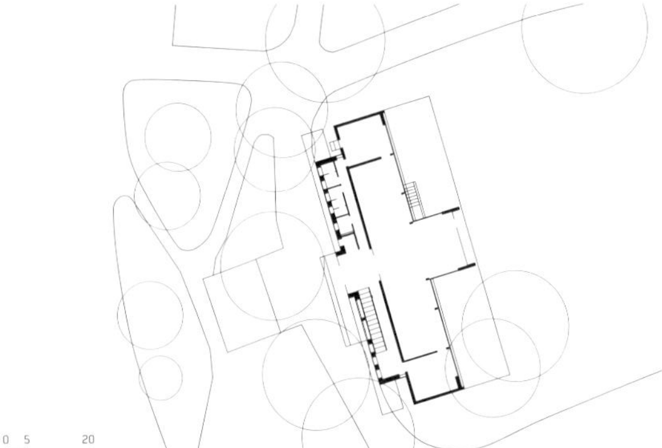

WOHNBAU GLACIS-MAIFFREDYGASSE

Klaus Kada (1992)

Diese Bauaufgabe wird ein zentrales Thema künftiger Stadtentwicklung sein: die Dachfläche als Grundstück, auf der ein eigenständiges Haus errichtet werden kann – innerstädtische Verdichtung durch Nutzung der Dachlandschaft als wertvollste (Wohn-)Fläche der Stadt. Der Architekt setzte auf zwei gegenüberliegende Neorenaissance-Eckhäuser jeweils einen zweigeschossigen Penthouse-Aufbau. Zur Straße hin präsentiert sich der Neubau teilweise wie ein Dachausbau. An den Ecklösungen jedoch kommt der zeitgenössische Zubau voll zur Wirkung. An die Stelle repräsentativer Türme, wie in historistischen Häusern üblich, tritt hier freier Raum für eine Terrasse.
Ein bedeutender Qualitätsgewinn gegenüber dem historischen Dach ist die gemeinschaftliche, begrünte Dachterrasse. Klaus Kada zeigt erstmals in dieser Stadt, wie eine selbstbewusste, zeitgemäße Lösung dieser Bauaufgabe aussehen kann. mw

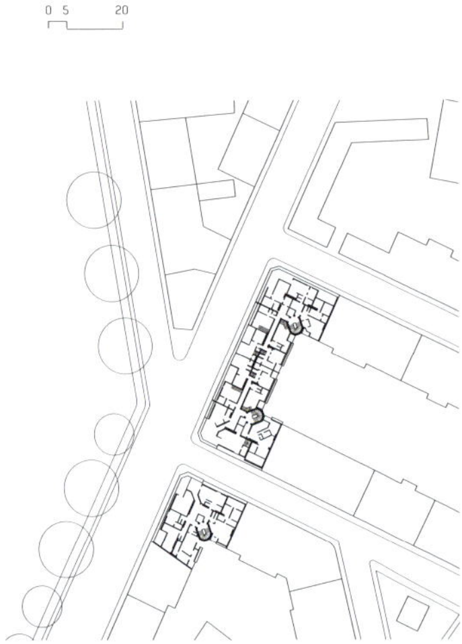

A 21 → Jakominiplatz 12

STEIRERHOF

Krischanitz - Achammer - Tritthart (1993)

Die Idee eines städtischen Marktplatzes wird in der Gestalt eines glasgedeckten Hofes über einem dreigeschossigen Atrium realisiert. Über dem von Geschäfts- und Gastronomieeinrichtungen genutzten Gebäudeteil sind platz- und straßenseitig Büroräume angelegt. Diesen Inhalten sind zwei verschiedene Fassaden aufgesetzt. Die Plastizität des Kopfbaus mit auffälliger Farbgebung spiegelt eine sehr eigenständige Interpretation der heterogenen Morphologie des Jakominiplatzes wider. Die Gesamtwirkung wird von einem Rahmen bestimmt, der sich in der Höhe von der abgestuften, zurückweichenden Bebauungsfront ablöst und so ein signifikantes Licht- und Schattenspiel erzeugt. Der niedrigere Seitenflügel entlang der Gleisdorfer Gasse lehnt sich an das Formenvokabular der frühen Moderne an, spielt jedoch im gesamten Erscheinungsbild eine nachrangige Rolle. gd

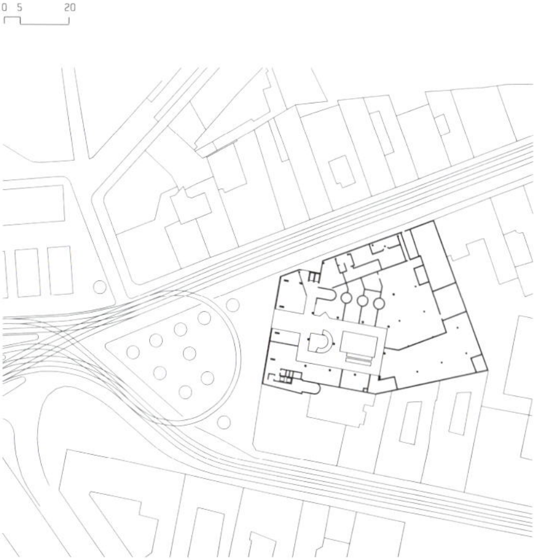

JAKOMINIPLATZ

Jörg und Ingrid Mayr, Johannes Fiedler (1996)

Der Jakominiplatz ist der Knotenpunkt des öffentlichen Verkehrs der Stadt. Anlass für seine Neugestaltung und Vorgabe für die Architekten war eine Neuordnung des öffentlichen Verkehrs, der hier durch extreme Verflechtung gekennzeichnet ist. Die Architekten gingen vom alltäglichen, profanen Gebrauch des Platzes aus: Sein Bodenbelag besteht durchgehend aus Asphalt. Der Belebtheit dieser großen Haltestelle entspricht ein dichter „Wald" aus hohen, gelben Masten. Von ihnen kragen kreisförmig Leuchten aus, die den zentralen Platzbereich überspannen. An die dominierenden Masten sind auch die Sitzbänke gebunden – wie die Leuchten allseitig orientiert und mit transparenten Schirmen überdacht. Die Sitzinseln darunter bilden auf diesem „richtungslosen" Warte-Platz ohne Repräsentationsansprüche individuelle Zonen. Eine wesentliche Qualität des Platzes ist seine Helligkeit: In der Nacht vermittelt der Jakominiplatz ein großstädtisches Flair. mw

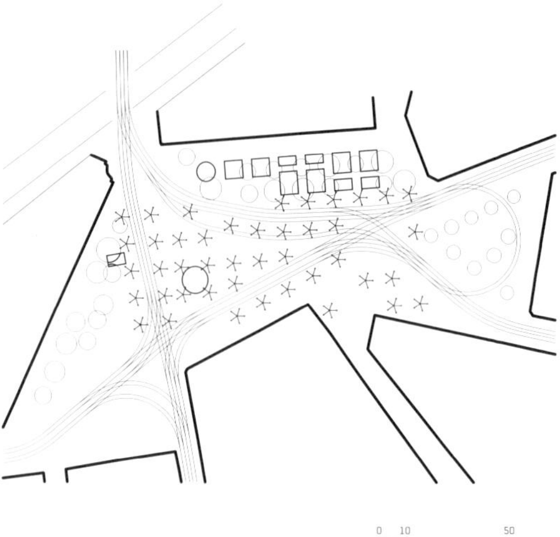

DOROT

TUMMELPLATZ

Alfred Bramberger (1991)

Der Tummelplatz ist einer der ersten Plätze in Graz, dessen Neugestaltung durch einen baukünstlerischen Wettbewerb entschieden wurde. Der heterogenen und teils reizlosen Bebauung dieses Platzes am Rand der Altstadt-Fußgängerzone stellte der Architekt eine minimalistische Idee entgegen: Ein gedachtes regelmäßiges Platzviereck, gebildet aus einer quadratischen Bodenrasterung, als ob die umgebenden Gebäude erst im Nachhinein aufgesetzt worden wären. Auch die teilweise farbige Beleuchtung, bündig im Boden liegende, befahrbare Leuchten, ist in den Bodenraster integriert. Durch das künstlerisch-intellektuelle Konzept abseits herkömmlicher Fußgängerzonen-Ausstattungen hat der neue Tummelplatz signalhafte Wirkung. In ihrer ganzen Dimension entfaltet sich die Gestaltung jedoch erst als abstraktes Bild aus der Vogelperspektive. mw

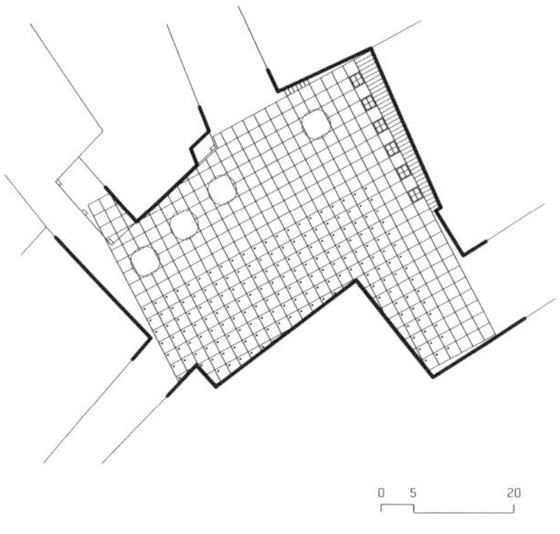

LAURA ASHLEY
Raiffeisenbank

ALTE UNIVERSITÄT UND BISCHÖFLICHES PALAIS

Alfred Bramberger (2007)

Auf der Grundlage einer sorgfältigen Bauforschung wurde mit viel Einfühlungsvermögen jener Trakt der alten Jesuiten-Universität restauriert, der als Hauptraum den prächtigen Barocksaal enthält. Damit wurde das Haus, das einen großen Innenhof enthält, einer reich beanspruchten öffentlichen Nutzung für Tagungen, Konzerte, Empfänge und Sonstiges zugeführt.
Die formal sparsame, aber sensible Gestaltung der Weg- und Aufenthaltszonen einschließlich des Zugangs kontrastiert erfreulich zur barocken Grundsubstanz, die für Graz einen singulären Charakter hat.
Eines der ältesten durchgehend genutzten Grazer Stadthäuser wurde einer gründlichen, die historische Substanz aber mit großem Respekt behandelnden Sanierung unterzogen. Vom Eingang an stößt man immer wieder auf das spannende, niemals angestrengt wirkende Nebeneinander von Alt und Neu. Im so genannten „Freskenraum" etwa werden sorgfältig restaurierte Wandmalereien aus dem 13. Jahrhundert mit zeitgenössischen Möbeln konfrontiert. In den bischöflichen Amtsräumen sorgt eine rote Wand für einen markanten Akzent. Um möglichst viel Licht in die Räume zu bringen, wurden Wände teilweise in vertikale und horizontale Lichtbänder gegliedert und Gewölbesegmente als Oberlichten verglast. wt

FÄRBERPLATZ

Jörg und Ingrid Mayr (1992)

Der L-förmige Platz im Zentrum der Altstadt entstand erst 1904 durch den Abbruch einer Kaserne. Die Gestaltungsmaßnahmen im Zuge der Fußgängerzonen-Widmung knüpfen an vorhandene Charakteristika an: Eine Kastanienbaum-Allee an der Westseite wird im rechten Winkel entlang der Färbergasse weitergeführt. Die Bäume zeichnen das ehemalige Kasernen-Geviert nach, fassen den Platz zu einer Einheit und geben ihm innerhalb der dicht bebauten Altstadt seine spezielle Eigenart. Der Allee sind auch das Mobiliar und die Beleuchtung zugeordnet. Die Raumwirkung ist zudem durch eine innere Promenade aus Natursteinplatten als eigentlicher Interaktionsraum ausgewiesen. Ein diagonales Band aus Steinplatten fungiert im Gebrauch tatsächlich als der Weg über den Platz. Nicht zuletzt ist es der zurückhaltenden Gestaltung zu verdanken, dass sich das öffentliche Leben auf dem Färberplatz besonders intensiv entfaltet. Das 1989 errichtete Dachcafé des Architekten Richard Ellmer, das an diesem Platz liegt, stellt das erste Zeugnis eines zeitgemäßen Neubaus in der Altstadt dar. mw

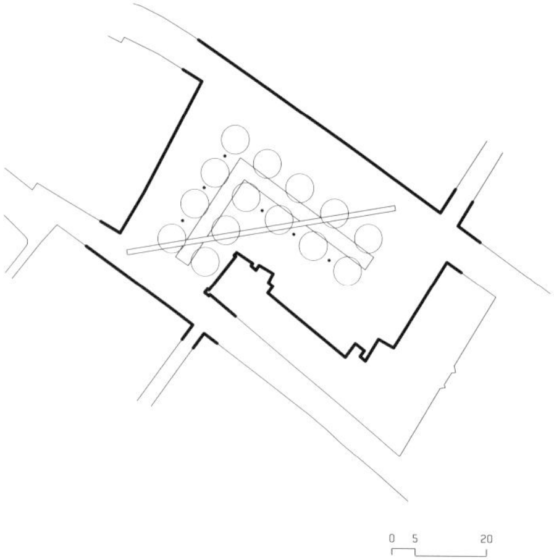

"NUMBER ONE"

A 26 → Sparkassenplatz

STEIERMÄRKISCHE SPARKASSE UND SPARKASSENPLATZ

Michael Szyszkowitz + Karla Kowalski (2006)

Wohl niemand dürfte hinter den filigran geschichteten Glasfassaden einen Altbau aus den 1970er Jahren vermuten. Aber der Bauherr hatte sich eine städtebaulich signifikante Aufwertung und ein formalästhetisches Updating seines Altbaus gewünscht, welches gleichwohl hohe energetische Einsparеffekte mit sich bringen sollte. So wurden auf die freigelegte Tragstruktur des Altbaus Dämmpaneele und neue Fensterelemente aufgebracht. Eine zusätzlich vorgesetzte, teils verstellbare, teils gestreifte Lamellenkonstruktion aus Sonnenschutzglas sorgt für eine deutliche Verringerung der Kühllast in warmen Jahreszeiten. Über dem höher gezogenen Sockelgeschoss erhebt sich nunmehr ein schimmernder, scheinbar schwebeleichter Glaskörper im Stadtraum. Die runden Eckpfeiler des Altbaus haben sich in zweigeschossige Leuchtkörper verwandelt. Selbst bei Nacht übt der kristalline Körper von seiner Lichtgestaltung her eine starke Faszination aus. Für eine deutliche Aufwertung des Umfeldes sorgen die Installation eines neuen Cafés sowie die äußerst hochwertige, baukünstlerische Umgestaltung des bisher vernachlässigten Sparkassenplatzes. frw

Steirerinnen haben
die richtige Bank gesetzt
SPARKASSE

HUMANIC FLAGSHIP STORE

Michael Szyszkowitz + Karla Kowalskii (2007)

Der Umbau eines historischen Ensembles, bestehend aus einem fünfgeschossigen Haupthaus an der Herrengasse, einem Hof mit ehemaligen Pferdeställen sowie einer Passage von der Herrengasse über den Innenhof bis hin zum Färberplatz, hat die unbefriedigende städtebauliche Situation geklärt und auf brillante Weise neu herausgearbeitet. Aus dem bestehenden, schon zuvor von einem Schuhhaus genutzten Gebäude an der Herrengasse wurde ein haushoher Gebäudeteil herausgeschnitten und neu aufgebaut. Die übrige Bausubstanz blieb erhalten und wurde neu überformt. Dabei entstand über funktionelle und logistische Optimierungen hinaus ein neues optisches Erscheinungsbild. Im ehemals muffigen Hinterhof kommt es nun zu einem spannenden Dialog zwischen Alt und Neu mit südländischem Flair. Die Hauptfassade zur Herrengasse erhielt im Eingangsbereich eine leichte Glasfassade mit leicht ausgekippten und im oberen Teil gebogenen VSG-Gläsern.
Das zuvor stark verbaute, kleinteilige Innere des Erdgeschosses präsentiert sich nach dem Umbau als weitläufige, lichtdurchflutete Struktur samt einem offenen Stiegenhaus mit gläsernem Lift, wobei alle Brandschutzauflagen erfüllt wurden. Damit ist sowohl aus städtebaulicher als auch aus formalästhetischer Sicht eine innovative Symbiose von Alt und Neu entstanden. frw

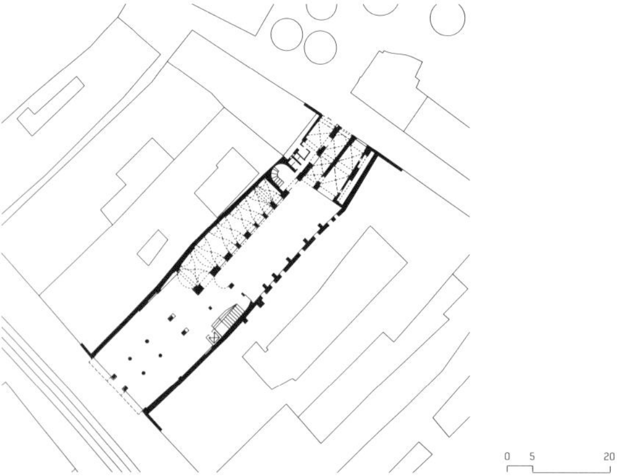

Tresore
Guldenbrein
BONITA

B

B 01 STUDENTENHAUS MIT MENSA
Sonnenfelsplatz 1 / Schubertstraße 2-4

B 02 VERWALTUNGSGEBÄUDE, KFU
Halbärthgasse 8

B 03 VORKLINIK, KFU
Harrachgasse 21

B 04 WOHNBAU UND CAFÉ HARRACHGASSE
Harrachgasse 2

B 05 III. INSTITUTSGEBÄUDE, KFU
Heinrichstraße 36

B 06 WOHNBAU M6
Mozartgasse 6

B 07 ZENTRUM MOLEKULARE BIOWISSENSCHAFTEN, KFU
Humboldtstraße 46-50

B 08 RESOWI-FAKULTÄTEN, KFU
Universitätsstraße 15

B 09 WOHNBAU HEINRICHSTRASSE
Heinrichstraße 62-68

B 10 PFLANZENPHYSIOLOGISCHES INSTITUT, KFU
Schubertstraße 51

B 11 GEWÄCHSHÄUSER IM BOTANISCHEN GARTEN, KFU
Schubertstraße 59 / Holteigasse 6

B 12 REITERKASERNE, KUG
Leonhardstraße 82-84

B 13 LITERATURHAUS
Elisabethstraße 30 / Beethovenstraße 11

B 14 HAUS FÜR MUSIK UND MUSIKTHEATHER, KUG
Lichtenfelsgasse 14

B11
B07
Heinrichstraße
B09
Johann-Fux-Gasse
B10
Mozartg.
B06
Schubertstraße
Herderg.
Geidorfgürtel
B05
Universitätsstr.
B08
Goethestr.
B03
Halbärthg.
H10
Glacisstraße
Harrachg.
B02
B01
Leechg.
B04
Zinzendorfg.
Elisabethstraße
B12
Beethovenstr.
B13
Lichtenfelsg.
Leonhardstraße
B14
Merangasse
Schillerstraße
A20

B 01 → Sonnenfelsplatz 1/Schubertstraße 2-4

STUDENTENHAUS MIT MENSA

Werkgruppe Graz (1966)

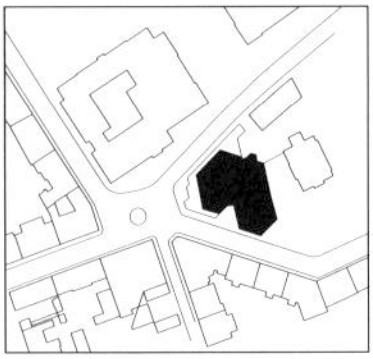

In den frühen sechziger Jahren verlangte ein neues studentisches Bewusstsein nach baulichem Ausdruck. Das Studentenhaus liegt am Schnittpunkt dreier Straßen – heute der Sonnenfelsplatz – und bezeichnet den Zugang zur Karl-Franzens-Universität. Entsprechend wurde der Entwurf nicht auf Axialität ausgerichtet, sondern verweist in seiner Plastizität, einer Verbindung zweier sechseckiger Baukörper, auf den Umraum. Die Zugänglichkeit zu den Funktionsgruppen der Mensa, des Studentenheimes für 135 Studenten und der Verwaltung der Österreichischen Hochschülerschaft wurde allseitig vorgesehen. Der konstruktive Gedanke außen liegender Stützen gewährleistet größte Flexibilität in der Grundrissausbildung, womit den Voraussetzungen des Großraumes der Mensa ebenso wie der Kleingliedrigkeit der Wohngeschosse für jeweils 21 Studenten entsprochen wurde. Das auf dem gleichseitigen Dreieck aufbauende modulare Prinzip verleiht dem Bau jenen kristallinen Charakter, der dem Bau von den Architekten in den sechziger Jahren auferlegt wurde. eg

B 02 → Halbärthgasse 8

VERWALTUNGSGEBÄUDE, KFU

Martin Strobl (1998)

Die Dialektik dieses Bauwerks resultiert aus der grundlegenden Sanierung eines historistischen Stadthauses und dessen Um- bzw. Anbau für universitäre Büronutzungen. Während die unter Denkmalschutz stehende Blockrandfassade zur Halbärthgasse unangetastet blieb, durften im Inneren eine Liftanlage installiert, Wände und Decken verändert, vor allem aber ein halb eingegrabener Anbau mit Patio zum Hof hin errichtet werden. Die gänzlich neue Hoffront, welche eineinhalb Meter gegenüber den historischen Nachbarfassaden zurückspringt, präsentiert sich als selbstbewusste Mischung aus sorgfältig gefügten Putz- und Stahl-Glas-Flächen. Dominierend ist allerdings der spiegelnde, zwei- bis dreigeschossige Glaskörper des Zubaus, welcher erst die Variabilität und optimalen Belichtungsverhältnisse im Inneren ermöglicht. Überraschend wirkt hier vor allem die sorgsame Fügung technoider Strukturen und Details, welche ein maßstäbliches zeitgenössisches Ebenbild zur historistischen Eingangsfront generiert. frw

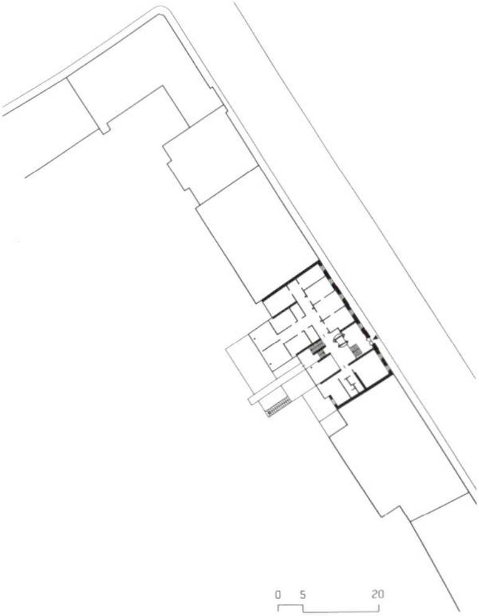

B 03 → Harrachgasse 21

VORKLINIK, KFU

Wolfgang Kapfhammer (2002)

Ein zur Harrachgasse hin orientiertes, älteres Laborgebäude, welches als flacher Riegel vor dem Vorklinikum lag, wurde aufgestockt. Dabei verwandelte sich der schlichte Baukörper in einen hoch aufgeständerten und vielfach geschichteten Metallcontainer mit dynamisch abgeschrägten Silhouetten. Gleichzeitig wurde die leichte, blechverkleidete Stahl-Fachwerk-Konstruktion der Aufstockung dazu benutzt, das Hauptgebäude durch eine großzügigere Eingangssituation aufzuwerten. Die zur Harrachgasse hin wie schwebend ansteigende neue Cafeteria mit Terrasse, eine markante Stahltreppe ins hinzugewonnene Obergeschoss sowie eine Kunstinstallation unterstreichen die Wirkung des gänzlich veränderten, filigranen Eingangsbauwerks. Dessen technisch interpretierter, skulpturaler Charakter hebt sich bewusst vom dahinter liegenden Altbaubestand ab. frw

B 04 → Harrachgasse 2

WOHNBAU UND CAFÉ HARRACHGASSE

Manfred Partl (1999)

Bei diesem Objekt war Manfred Partl mit einer wichtigen Frage heutigen Bauens konfrontiert: Umnutzung und zeitgenössischer Umgang mit historischer Bausubstanz. Der Architekt löste die Aufgabe des Aus- und Zubaus eines denkmalgeschützten neoklassizistischen Hauses in einer spektakulären und exemplarischen Weise. Ein neuer, zweigeschossiger Penthouse-Kubus schwebt als völlig eigenständiger Baukörper über dem niedrigen Altbau. Auch in Material und Farbe setzt der Planer den zeitgenössischen „Weiterbau" in einen selbstbewussten und spannungsreichen Kontrast zur historischen Bausubstanz. Der turmartige Neubau bildet in seinem intensiven Gelb ein markantes Signal entlang der stark frequentierten Glacisstraße am Stadtpark, während der Altbau in modulierten Rottönen zur Umgebung überleitet. mw

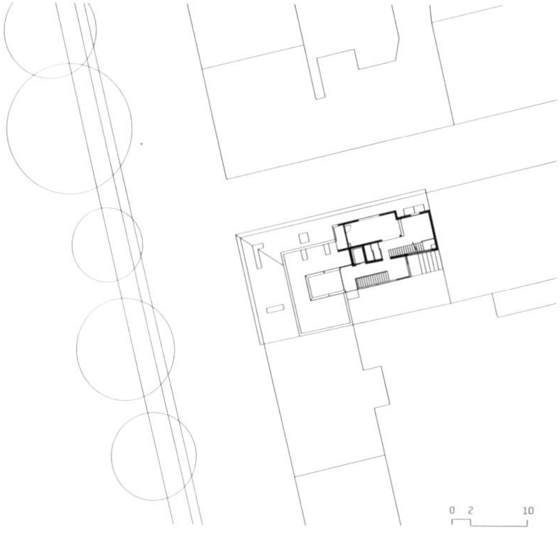

KURZPARKZONE

III. INSTITUTSGEBÄUDE, KFU

Kapfhammer - Wegan - Koßdorff - Kelz (1991)

Die von drei Instituten genutzte Gebäudestruktur ist in eine Baulücke eingefügt. Die annähernd U-förmige Grundrissfigur besteht aus drei identischen, entlang der Heinrichstraße hintereinander aufgereihten Hörsaal- und Bibliothekskuben. Zwischen ihnen und dem vielfach durchbrochenen U-förmigen Institutshochbau auf der Rückseite liegt das Herzstück der Anlage, nämlich eine gebäudehohe, halböffentliche Passage, welche mit einer dynamischen Glashaube bedeckt ist. Eine leicht diagonal geführte Kaskade irritierend angeschrägter Treppenstufen durchstößt diesen stadtähnlichen Raum pfeilartig, dabei nach Art einer „promenade architecturale" introvertierte Arkaden, Glasbausteinkörper, Verbindungsstege und Raumbrücken tangierend bzw. miteinander verknüpfend. Während die durchgehend weiß verputzten Fronten zur Heinrichstraße wie serielle Großplastiken mit vertikalen und horizontalen Schlitzen konzipiert wurden, präsentieren sich die Rückfronten und lichtdurchfluteten Passagenräume vielschichtig dekomponiert. Damit stellt dieser Bau ein relativ frühes Grazer Beispiel für eine kontrollierte Dynamisierung des Stadtraums dar. frw

B 06 → Mozartgasse 6

WOHNBAU M6

Volker Giencke (2005)

Eine gründerzeitliche Villa erhielt auf der einen Seite einen kleinen Erweiterungstrakt. So wurde eine Metallbox angefügt, deren Maschinenästhetik selbstbewusst mit der Anmutung des historischen Stuckwerks kontrastiert. Mithin präsentiert sich dieser, nach Ansicht des Architekten fast „unsichtbare" Anbau durchaus als ein kleines Kabinettstück autonomer Architektur. frw

Als Pendant formiert sich an der anderen Flanke des historischen Gebäudes ein fünfgeschossiges Wohnhaus, das in Tiefe und Höhe den Bestand aufnimmt, aber durch großzügige Balkone und Verglasungen Offenheit betont. Die Loggia des Altbaus bildet ein „optisches Gelenk", das im Anbau zu feingliedrigen Detailausbildungen angeregt haben mag. Dem dreiteiligen Komplex vorgelagert befindet sich ein pavillonartiger Rundbau mit halböffentlicher Nutzung und Einfahrt in eine Tiefgarage. eg

ZENTRUM FÜR MOLEKULARE BIOWISSENSCHAFTEN, KFU

Seidel – Thoma – Kummer (2007)

Die drei im Grundriss amöbenförmigen Baukörper von vier bis fünf Geschossen beherbergen Lehr- und Forschungsräume, eine Bibliothek und Cafeteria sowie Räume für Tierhaltung im ersten und eine Tiefgarage im zweiten Untergeschoss. Sie füllen den Hof- und Gartenbereich des ehemaligen gründerzeitlichen Anna-Kinderspitals und verdichten den Campus der Karl-Franzens-Universität. Die Horizontalität der unterschiedlich großen, aber gleich hohen und auch ansonst äußerlich einheitlich ausgeführten Gebäude wird durch Metallbrüstungen in Orangetönen poppig akzentuiert, wobei gläserne Vertikallamellen die äußere Hülle bilden. Ihre Gleichförmigkeit und Ungerichtetheit entspricht den modernen, weniger hierarchisch als früher angelegten Universitäts-Strukturen, verursacht aber andererseits auch eine gewisse Orientierungslosigkeit auf dem Gelände. Dem beachtlichen Volumen des Bestandes wird mit dem Ensemble des Neubaus ein ebenso dominanter Konterpart entgegengesetzt, der in seiner massiven Skulpturalität den vorhandenen Raum nahezu zu „sprengen" droht. fl

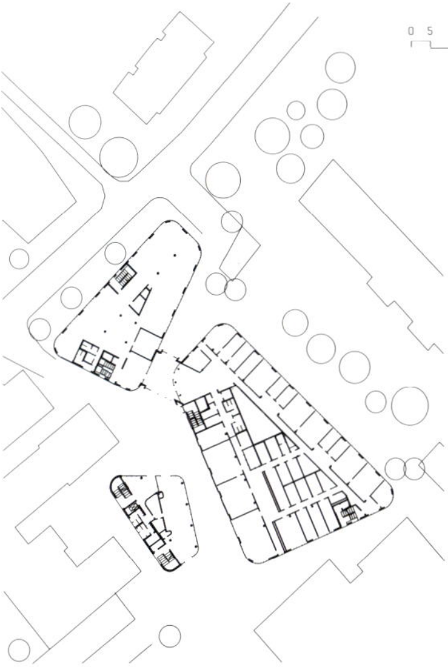

RESOWI-FAKULTÄTEN, KFU

Günther Domenig – Hermann Eisenköck (1996)

Diese ausladendste Linear- oder Megastruktur unter allen Universitätsbauten in Graz zählt wohl zu den bekanntesten Beispielen neuerer europäischer Universitätsarchitektur. Mit über 300 Metern Länge umfasst der Riegel, welcher rund 14.000 Studierenden und 1.000 Beschäftigten Studien- bzw. Arbeitsmöglichkeiten bietet sowie zahllose Hörsäle, Seminarräume, Computerpools und eine Zentralbibliothek beherbergt, einen kompletten Block zwischen Heinrich- und Schubertstraße. Dabei wird das rationale Konstruktionsgerüst dieses Groß- oder Hochregals immer wieder konterkariert von autonomen Körpern, welche mit ihm kollidieren. Der Grad des Ein- bzw. Herausschiebens oder Kollidierens konventioneller bis artistischer Behälter mit dem uniformen Gerüst nimmt dabei vom Erdgeschoss bis zum vierten Obergeschoss kontinuierlich ab. Der Eindruck räumlicher Flexibilität, Offenheit, Dynamik oder Mobilität ist freilich trügerisch, denn das äußere wie innere Erscheinungsbild artikuliert sich gleichsam als „eingefrorene" Momentaufnahme einer ursprünglich offenen architektonischen Versuchsanordnung. Gleichwohl macht eine bildhafte Zur-Schau-Stellung nicht nur virtuell, sondern höchst real miteinander rivalisierender heterogener Kräfte die hohe Einprägsamkeit und emotionale Sprengkraft dieses Universitätsbaus aus. frw

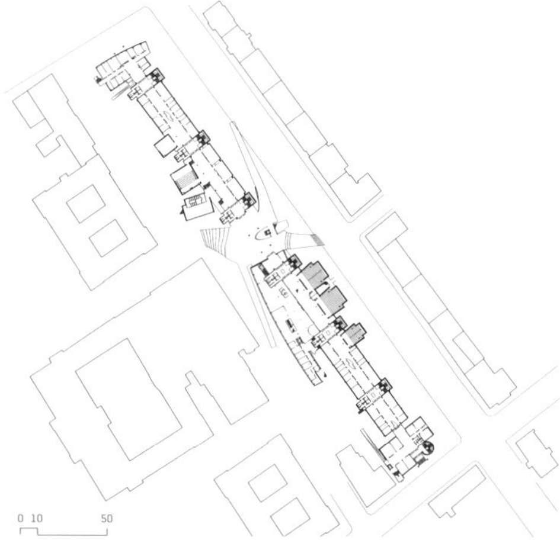

UNI

WOHNBAU HEINRICHSTRASSE

Martin Küng, Peter Reitmayr (2002)

Der Mietwohnbau liegt im Universitätsviertel an einer Schnittstelle von urbaner Straßenbebauung zu einem offenen, villenartigen Wohngebiet. Er tritt mit einer elegant geschwungenen Straßenfassade hervor, die eine Erschließung der Geschosswohnungen in vier Geschossen mit Laubengängen erkennen lässt. Die Hauptorientierung der Wohnungen zum Innenhof als ruhigem Grünraumbereich wird durch Balkone, Loggien und Terrassen betont. Der Übergang zur umliegenden Bebauung wird durch vorgezogene kubisch artikulierte Baukörper erreicht, die teilweise aus Schallschutzgründen vollverglaste Loggien aufweisen. Tatsächlich darf man von einer Neuinterpretation jener urbanen Wohnform sprechen, die den Hof zur Steigerung der Lebensqualität einsetzt. Dieser Hof wird im südlichen Bereich durch zwei weitere Baukörper in Anpassung an den Villencharakter begrenzt. Die Erhaltung alten Baumbestandes an der Heinrichstraße hat den Baukomplex, der insgesamt aus 72 Wohnungen besteht, zurückrücken lassen, wobei ein Vorplatz mit Einfahrt in die Tiefgarage dezent ein oft schwieriges Problem löst. wt

PFLANZENPHYSIOLOGISCHES INSTITUT, KFU

Klaus Kada (1998)

Im Zuge einer qualitätsvollen Erweiterung wurde eine alte Villa mit einem zweigeschossig verglasten Anbau für Hörsäle und Mehrzweckräume versehen, welcher sich diagonal von der Eingangsfront wegdreht. Unterstrichen wird das neue Drehmoment von einer skulpturalen Treppenkaskade vor dem neuen Haupteingang. In die gläserne Fuge zwischen Alt- und Neubau hat man rückwärtig ein bockartiges Betongestell eingefügt, welches das Treppenhaus aufnimmt und im ersten Obergeschoss als Brückenkopf für einen rundum verglasten Brückensteg dient. Letzterer wurde über den Garten hinweg zwischen Anbau und im Garten liegenden Neubau eingespannt, wo er in einem zweiten Betongestell mit Treppenhaus mündet. Die fast 37 Meter lange, lediglich verschraubte Stahl-Fachwerk-Konstruktion des Brückenstegs, welche aus acht Feldern und spiralförmigen Diagonalverspannungen besteht, folgt einer bogenförmigen Linie, um drei geschützten Bäumen auszuweichen.
Der dreigeschossige Neubau im Garten entstand überwiegend für Labor- und Arbeitsräume. Er wurde als zweihüftige, in Längsrichtung versetzte Anlage mit angehängtem Gewächshaus konzipiert. Eine mittig eingestellte, schräge Wand öffnet die Gangzone trichterförmig nach oben zu Galerien und Erschließungsstegen. Ein verglaster Dachaufsatz sorgt hier für optimalen Lichteinfall. Verkleidet wurde der gartenseitige Stahlbetonskelettbau mit mehrschichtigen, teilweise transluzenten Isolierglaselementen. frw

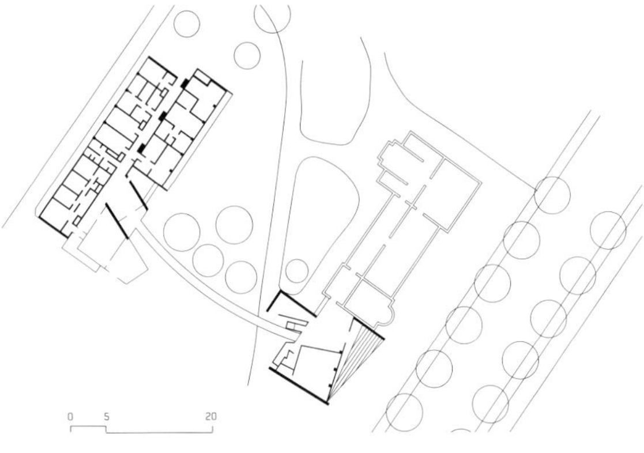

GEWÄCHSHÄUSER IM BOTANISCHEN GARTEN, KFU

Volker Giencke (1995)

Eine „promenade architecturale" über abgehängte Gangways ermöglicht es den Besuchern dieser öffentlich zugänglichen botanischen Anlage, vier Klimazonen in drei miteinander verbundenen Gewächshäusern sowie ein separates Anzuchthaus mit drei Klimazonen zu durchwandern. Für das konstruktive Gerüst der Gewächshäuser wurden parabelförmige und mit Zugseilen gegen Windlasten ausgesteifte Bogen-Rohr-Konstruktionen aus Aluminium gewählt, die über ihre statische Funktion hinaus für Klimatisierungszwecke zusätzlich wasserführend ausgebildet sind. Die Wahl der paraboloiden Form erfolgte in Analogie zu natürlichen Formen des Pflanzenwuchses. Als Verglasung fungieren leicht gewölbte, doppelschalige Acrylglaselemente, welche eine Lichtdurchlässigkeit von 98 Prozent gewähren. Belüftungselemente liegen exakt im Scheitelpunkt der Parabelbögen. Eine wichtige räumliche Zäsur liegt zwischen Tropen- und Warmhaus bzw. Kalt- und Temperierthaus, also genau im Schnittpunkt der einzelnen parabelförmigen Hallen und ihrer spezifischen Neigung zum Boden. Auf Grund der konzentrischen Durchdringung oder tangentialen Berührung aller Volumina, die einer strengen Geometrie folgen, entsteht hier, wie auch in den Gewächshäusern, eine faszinierende Raumsituation. frw

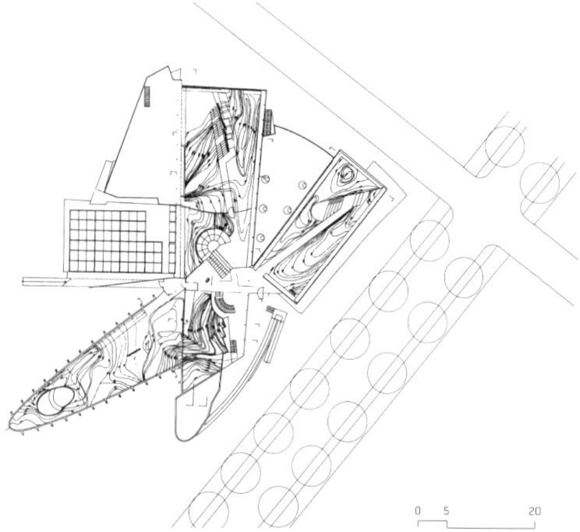

B 12 → Leonhardstraße 82-84

REITERKASERNE, KUG

Josef Hohensinn (2007)

Nach jahrelanger Vernachlässigung konnte die alte Reiterkaserne in Graz St. Leonhard umgebaut werden. Dabei wurde die vorhandene Bausubstanz von Ein- und Zubauten befreit, um neue Nutzungen – Lehr- und Proberäume, Büros, Café, Wohnungen – zu ermöglichen. Bestehende Gewölbe und zugemauerte Öffnungen des umlaufenden Arkadengangs im Innenhof konnten freigelegt werden. Eine vor die längsseitigen Arkaden gestellte, neue Glasschicht belichtet und belüftet nunmehr die dahinter liegenden umgestalteten Räume, wobei vorgestellte Stützen die alte Fassade zitieren. Die Begrenzungsmauer zur Leonhardstraße wurde abgebrochen und durch ein formal eigenständiges, neues Eingangs- und Foyergebäude ersetzt. Dessen solitäre Position gewährt Sichtverbindungen zum umgestalteten, bis dahin als Parkplatz genutzten Innenhof. Das Parken findet jetzt in der unter dem Hof neu installierten Tiefgarage statt. Die metallgitterverkleidete Fassade des Kopfbaus wirkt geschlossen, gewährt jedoch von innen nach außen ungehinderte Durchsicht. frw

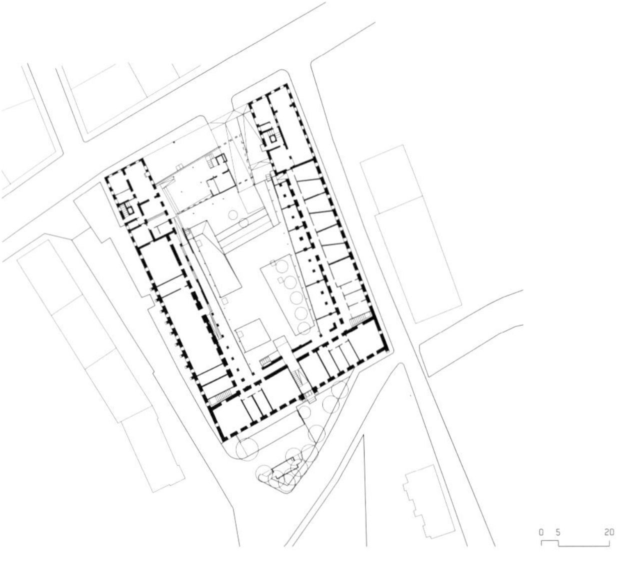

KUG

B 13 → Elisabethstraße 30/Beethovenstraße 11

LITERATURHAUS

Florian Riegler – Roger Riewe (2003)

Seit nunmehr 50 Jahren zählt Graz zu den Literaturhauptstädten der deutschsprachigen Welt. Und mit dem neuen Literaturhaus erhält die Stadt ein ständiges Begegnungs-, Vortrags- und Ausstellungszentrum für Literatur, zu dem auch ein Buchladen sowie eine Wohnung für die jeweilige Stadtschreiberin oder den jeweiligen Stadtschreiber gehören. Der Großteil der Anlage ist in einem denkmalgeschützten, L-förmigen Gebäude in der Elisabethstraße untergebracht, an dessen Hof sich ein abgesenkter Garten anschließt. Riegler und Riewe haben die alte Bausubstanz intakt gelassen, während der Hof vollständig umgestaltet wurde. Das Untergeschoss wurde freigelegt, um an der Rückseite des Gebäudes Platz für großzügige Tagungsräume zu schaffen. Über dem dabei entstandenen Hof präsentiert sich das Café – das Herz des ganzen Komplexes – als eleganter, minimalistischer, frei stehender Pavillon. Ein gläserner Lift stellt die Verbindung zwischen alter und neuer Bausubstanz her. pbj

B 14 → Lichtenfelsgasse 14

HAUS FÜR MUSIK UND MUSIKTHEATER, KUG

Ben van Berkel, Caroline Bos, Hannes Pfau (2008)

Grundgedanke des Entwurfs war, für die Kunstuniversität Graz ein experimentelles Gehäuse zu entwerfen, das selbst zu gebauter Musik wird. Zwei Themen waren für dessen strukturelle Komposition wichtig. Das erste ist die Spiral-Struktur. Im Gegensatz zum Wettbewerbsentwurf, welcher die Spiralbewegung auch in den Fassaden abbildete, ist die Spirale nun zum dominanten Raum- und Konstruktionsprinzip des Inneren geworden. Sie verkörpert höchst eindrucksvoll die dreidimensionale Umsetzung einer aus experimentellen Fließdiagrammen abgeleiteten Drehbewegung, welche einen geschlossenen, mehrgeschossigen Raum, sprich die Black-Box des Musiktheaters, mit einer Reihe offener Raumzonen fließend verbindet. Das zweite Thema ist das „Blob-to-Box-Motiv". Es motiviert das Publikum, sich bei Veranstaltungen dynamisch durch die Raumsequenzen zu bewegen. Der mehrgeschossige Raum der Box wendet sich der Parkseite zu, während sich der Blob, also die fließende Raumabfolge, zur Lichtenfelsgasse hin orientiert.
Eine ganz besondere Herausforderung war die konstruktive Ausführung des „Twists", soll heißen jener Spiral-Drehung aus massivem Beton, um die der komplette Raumorganismus im wahrsten Sinne des Wortes rotiert. Eine Dachöffnung, welches den „Twist" dramaturgisch ausleuchtet, lässt die Spiralbewegung fächerartig erscheinen. Wie das Innere reflektiert auch das Äußere die musikalische Nutzung, wenn auch auf dialektische Weise. frw

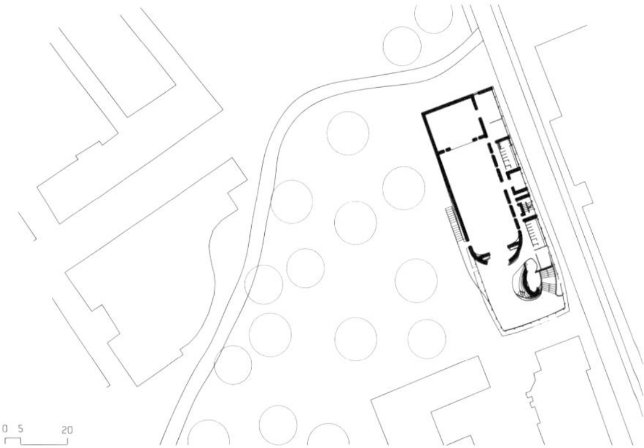

C

C 01 HÖRSAALGRUPPE ALTE TECHNIK, TU
Rechbauerstraße 12

C 02 INSTITUTSGEBÄUDE LESSINGSTRASSE, TU
Lessingstraße 25

C 03 BIOCHEMIE UND BIOTECHNOLOGIE, TU
Petersgasse 12

C 04 CHEMIE-INSTITUT, TU
Stremayrgasse 16

C 05 CHEMIEERSATZGEBÄUDE, TU
Stremayrgasse 9

C 06 GEODÄSIE, EDV-ZENTRUM, MATHEMATIK, TU
Steyrergasse 30

C 07 BIOKATALYSE, TU
Petersgasse 14

C 08 STUDENTENWOHNHEIM MOSERHOFGASSE
Moserhofgasse 34

C 09 STUDENTENWOHNHEIM MOSERHOFGASSE
Moserhofgasse 20-22

C 10 FRIEDHOFSKAPELLE ST. PETER
Petersgasse 57

C 11 WOHNBAU SANDGASSE
Sandgasse 17, 19

C 12 STUDIENZENTRUM INFFELDGRÜNDE, TU
Inffeldgasse 10

C 13 INFORMATIONSTECHNISCHE INSTITUTE, TU
Inffeldgasse 16

C 14 ELEKTROTECHNISCHE INSTITUTE, TU
Inffeldgasse 18

C 15 PFARRZENTRUM ST. PAUL
Dr.-Robert-Graf-Straße 40a

C 16 ZENTRALE LEHRWERKSTÄTTE
Hans-Brandstetter-Gasse 6

C 17 WOHNBAU CASA NOSTRA
Eichholzerweg 4-24

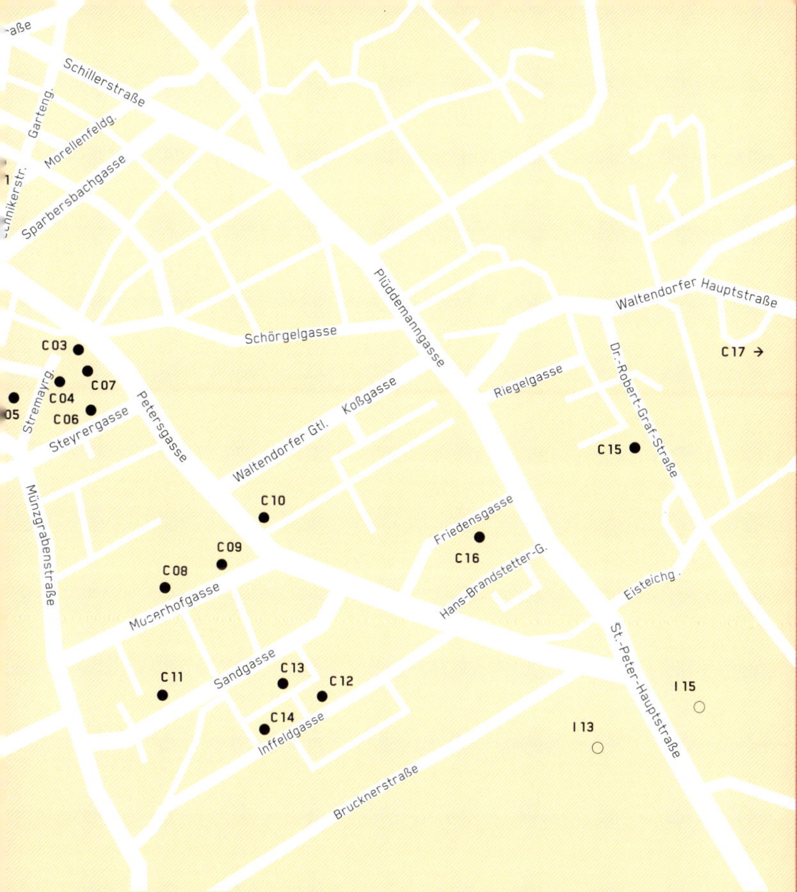
Schillerstraße
Garteng.
Morellenfeldg.
Sparbersbachgasse
Schörgelgasse
Plüddemanngasse
Waltendorfer Hauptstraße
Dr.-Robert-Graf-Straße
Riegelgasse
Koßgasse
Waltendorfer Gtl.
Stremayrg.
Steyrergasse
Petersgasse
Münzgrabenstraße
Friedensgasse
Hans-Brandstetter-G.
Eisteichg.
St.-Peter-Hauptstraße
Muchorhofgasse
Sandgasse
Inffeldgasse
Brucknerstraße
C 03
C 04
C 06
C 07
C 08
C 09
C 10
C 11
C 12
C 13
C 14
C 15
C 16
C 17 →
I 13
I 15

C 01 → Rechbauerstraße 12

HÖRSAALGRUPPE ALTE TECHNIK, TU

Fekonja – Weigelt – Paar (1998)

Die Aufgabenstellung ist hinlänglich bekannt – die großen Universitätsgebäude in den Altstädten lassen sich nur erweitern, indem ihre Innenhöfe als neue Räume erschlossen werden. Diese Vorgangsweise bringt jedoch zahlreiche Probleme mit sich, da ein derartiges „Auffüllen" die ursprüngliche Komposition stören kann. Im vorliegenden Fall wurde das Problem – das „Einpflanzen" von zwei Hörsälen im Untergeschoss – mit Hilfe einiger mutiger Entscheidungen erfolgreich gelöst: Die neu erschlossenen Flächen wurden mit einem Dach aus Glas überdeckt, das den Eingriff entmaterialisiert.
Die Baukörper, die in das Gebäude eingefügt wurden, d. h. eine Stiege und mehrere Räume, erwecken dank ihrer sich den Raum aneignenden und sich dennoch vom Altbestand absetzenden Ausformung den Eindruck, als wären sie sorgfältig „eingesetzt" und nicht bloß „aufgesetzt" worden. Die ausdrucksstark geformte Stiege bleibt auf Pfeiler gestützt, während die Hörsäle autonome Quader sind, die sich durch eine starke plastische Präsenz auszeichnen, aber unter dem Glasdach einen „gleitenden" Charakter beibehalten. mhc

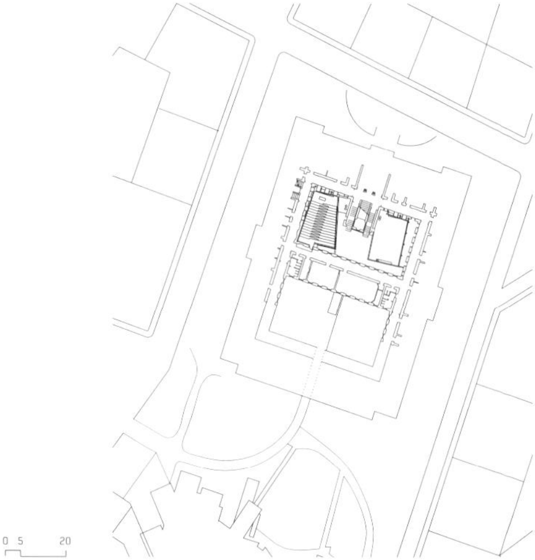

INSTITUTSGEBÄUDE LESSINGSTRASSE, TU

Günther Domenig (1993)

Bei diesem Gebäude handelt es sich um ein komplexes Bauwerk in einem dichten urbanen Geflecht: Die Ausgangssituation vereinte alle Merkmale in sich, die erforderlich waren, damit der Planer eine Demonstration dessen geben konnten, was sich als „funktioneller Expressionismus" bezeichnen lässt. Die Ästhetik entspringt hier nicht der Erstellung eines Programms, einer Anordnung, in die sich die Funktionen einfügen. Vielmehr wurde hier der umgekehrte Ansatz verfolgt, wobei die Räume jeweils den Funktionen, die sie erfüllen sollten, angepasst und dann auf dem Grundstück angeordnet wurden. Die Arbeit des Architekten bestand darin, einen Plan zu entwerfen, der es ermöglichte, die Räumlichkeiten zu vereinen und dabei auf ihre spezifischen Raumbedürfnisse und die manchmal einander widersprechenden Bewegungsströme einzugehen, ohne dass sich eine dieser Räumlichkeiten einer durch die Volumina bestimmten Dominanz oder einer urbanen Hierarchie unterwerfen musste. mhc

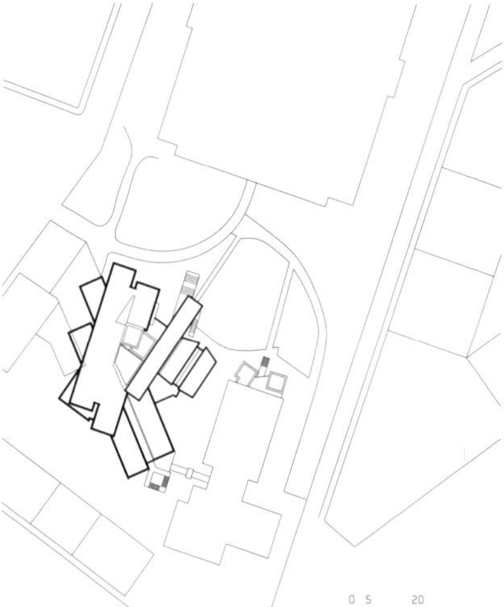

C 03 → Petersgasse 12

BIOCHEMIE UND BIOTECHNOLOGIE, TU

Michael Szyszkowitz + Karla Kowalski (1991)

Diese Einheit zwischen Gebautem und Ort ist eine der gelungensten Arbeiten der beiden Architekten, die maßgeblichen Anteil am Erwachen der Grazer Architektur haben. Der Charakter der Komplexität ist auf die Vollständigkeit dessen zurückzuführen, was hier gezeigt wird. Zunächst handelt es sich um eine Demonstration des Urbanismus: Der Ort des Lehrens wird durch die ihn umgebenden Mauern nicht isoliert, vielmehr öffnet sich das Gebäude zur Stadt hin, beschreibt eine U-Form, die einen öffentlichen Platz bildet. Danach folgt die architektonische Demonstration: Eine mächtige Architektonik umgibt den gesamten Komplex, ausgehend von einer massiven und zugleich feingliedrigen Betonstruktur. Als Nächstes folgt die funktionelle Demonstration: Dieses mächtige Gebäude führt nicht, wie man meinen könnte, zu einer „Einengung" der Funktionen. Im Gegenteil, die Funktionen werden „Schritt für Schritt" begleitet, wobei die Architekten selbst die Anordnung „unterbrochen" haben, um da und dort einen ganz besonderen Raum zu schaffen, ein Inneres, das aus der Fassade vorspringt wie ein Dementi gegenüber den mächtigen Volumina. Dieses Spiel kraftvoller Formen wird mit außergewöhnlicher, bis zur Übersteigerung neigender Finesse in den baulichen Details fortgeführt, die entlang der Fassaden und Passagen wie Ornamente angeordnet werden, für deren Entschlüsselung man sich Zeit nehmen sollte. mhc

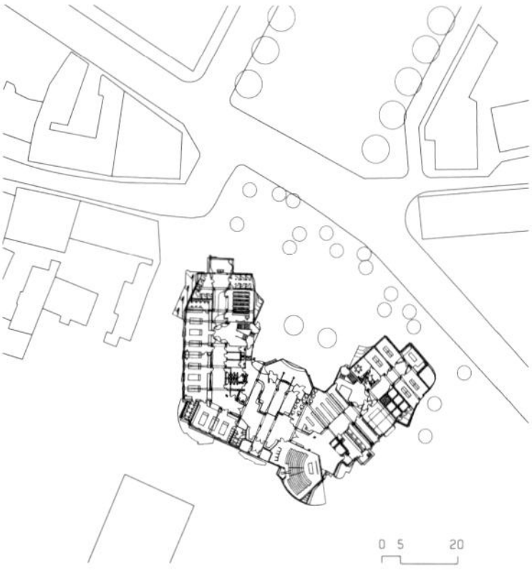

C 04 → Stremayrgasse 16

CHEMIE-INSTITUT, TU

Karl Raimund Lorenz (1960)

Das dominierend zur Kopernikusgasse gerichtete Chemie-Institut stellt die erste große Erweiterung der Technischen Universität, der „Neuen Technik", mit den Instituten für Maschinenbau und Elektrotechnik nach dem Zweiten Weltkrieg auf den Grundstücken an der Petersgasse dar. Der sechsgeschossige Stahlbetonbau in zweihüftiger Anordnung zeigt ein auf Fensterachsen aufbauendes Prinzip, das die Tendenz der fünfziger Jahre als Übergang klarer Funktionsabgrenzung zu einem flexiblen System widerspiegelt. Das die Horizontalität betonende, vorgelagerte Sockelgeschoss mit Rustica-Verkleidung und das zurückversetzte Dachgeschoss kontrastieren zur vorherrschenden Vertikalität des strukturellen Aufbaues, der durch gelbe Steinverkleidung an den repräsentativen Charakter früher Industriebauten aus den dreißiger Jahren erinnert. Erwähnenswert ist der nordseitig aus dem Baukörper herausragende große Hörsaal, der ein Gliederungselement späterer Hochschulbauten vorwegnimmt. eg

CHEMIEERSATZGEBÄUDE, TU

Zinterl Architekten (2010)

Der Erweiterungsbau zum Komplex der Neuen Technik aus den 1930er-Jahren stellt ein Projekt dar, das sowohl in architektonischer als auch in stadtplanerischer Hinsicht überzeugt. Ein klar strukturierter, linearer Baukörper, in dem diverse Chemie-Institute untergebracht sind, ist an den einen Hof umschließenden Altbestand mittels einer Glaskonstruktion angefügt, die als „Naht" verbindet und Distanz schafft. Die großflächige Glasfassade ist künstlerisch als starkes Zeichen im Stadtbild gestaltet.
Die Freifläche vor dem sechsgeschossigen Neubau wird mit der vom allgemeinen Verkehr befreiten Stremayrgasse und einer bereits bestehenden unbebauten Dreiecksfläche zum einladend gestalteten urbanen Platz geformt. Außerdem werden Verbindungen zum Felix-Dahn-Platz und über eine Brücke zum existierenden TU-Campus geschaffen. wt

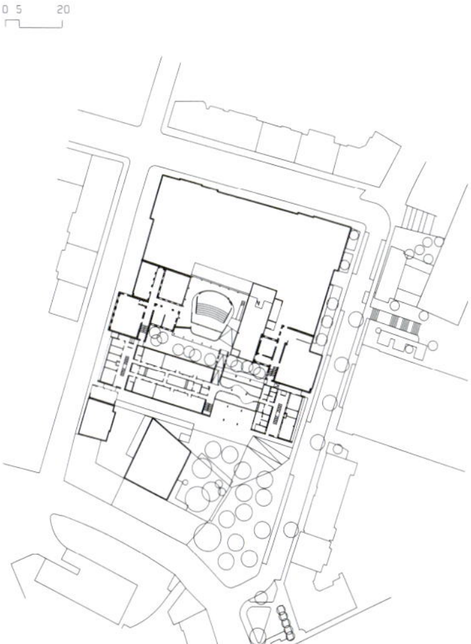

GEODÄSIE, EDV-ZENTRUM, MATHEMATIK, TU

Günther Domenig - Hermann Eisenköck (1989)

Das neue Gebäude für Geodäsie, EDV und Mathematik ist zu einer baumgesäumten Straße hin gebaut und öffnet sich zum Häuserblock in zwei Flügel, die miteinander über einen Eingang verbunden sind, und zwar dort, wo sich der Eingang, die quer verlaufenden Bewegungsströme und der Kern der vertikalen Bewegungsströme kreuzen. Das Spiel läuft in diesem begrenzten Raum ab: Während die beiden Flügel und die Außenhülle durch volle, strenge Betonvolumina gestaltet sind, ist das große vertikale Atrium, das sie verbindet, auf seiner gesamten Höhe durch eine schräge Verglasung offen.
Die Verglasung wird durch ein mächtiges Metallgerüst gestützt. Die Gegenüberstellung von Beton und Stahl, vollen Rauminhalten und dem großen „Ausschnitt" der Verglasung trägt die typische Handschrift jener Architektur, die sich in Graz ausgebildet hat. mhc

C 07 → Petersgasse 14

BIOKATALYSE, TU

Ernst Giselbrecht (2004)

Ein markanter Betonwürfel mit ausgeprägten Fassaden, die an der Nordseite Licht über Fensterbänder, an der Südseite über eine durchgehende Verglasung ins Gebäude lassen. Letztere kann mittels Faltelementen aus durchlöcherten, an der Innenseite mit Regenbogenfarben beschichteten Alublechen als zweite Schicht zur Sonne hin geöffnet oder abgeschirmt werden.
Im Inneren des sechsgeschossigen Kubus ist das modulierende Farbkonzept fortgeführt. In die auf höchste Flexibilität ausgerichteten Etagen sind Boxen in Gelb, Rot, Blau und Grün gestellt, die Sanitärzellen und diverse Nebenräume enthalten.
Gemeinsam mit Karl Raimund Lorenz' Chemie-Institut (1960), Domenig & Eisenköcks Geodäsie-Zentrum (1989), Szyszkowitz + Kowalskis Biochemie (1991) und einem Neubau für das Chemieinstitut der TU von Zinterl Architekten (Fertigstellung: 2010) ist hier zwischen Steyrergasse, Petersgasse, Stremayrgasse und Münzgrabenstraße ein stadtteilartiger Universitäts-Campus entstanden. wt

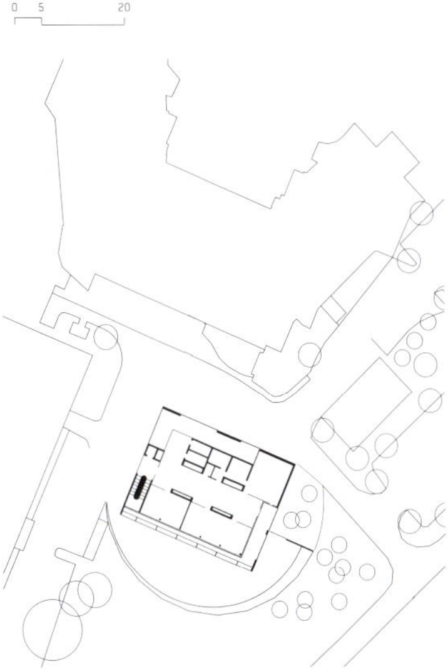

STUDENTENWOHNHEIM MOSERHOFGASSE

Alfred Bramberger (1997)

Alfred Bramberger situierte an der durch niedrige, dörfliche Bebauung gekennzeichneten Moserhofgasse einen zweigeschossigen Baukörper für gemeinschaftliche und öffentliche Funktionen: So finden sich darin ein Veranstaltungsraum, Musikproberäume, ein Partyraum und ein Café. In die Grundstückstiefe führt als eigentlicher Wohnbau ein L-förmiger Baukörper, der sich von drei auf vier Geschosse erhöht. Auf seinem Dach liegt als Dominante der auskragende Querriegel eines Studiersaals.
Die Erschließung – als halböffentlicher und für die Kommunikation wichtiger Bereich – erfuhr eine besonders sorgfältige Behandlung: Die offenen Laubengänge an der Ostseite erweitern sich an den Wohnungseingängen zu Sitznischen. Eine breite „kommunikative" Treppe leitet zur Erschließung des Erdgeschosses. Eine überdachte Freitreppe führt, an die Laubengänge andockend, auf die Dachterrasse und zum Studiersaal. Sie ist als dynamischer Baukörper ausgebildet und steht für die Verbindung von Öffentlichem, Halböffentlichem und Privatem. Der Integration des Baus in die Stadt entspricht auch seine Durchlässigkeit für Rad- und Fußgängerwege. mw

C 09 → Moserhofgasse 20-22

STUDENTENWOHNHEIM MOSERHOFGASSE

Manfred Zernig (1996)

Auf demselben übergeordneten Bebauungsplan basierend wurde die Anlage von Manfred Zernig kurz nach Brambergers Bau (siehe C08) begonnen. Das Objekt – es liegt nicht direkt an der Straße – ist L-förmig. Eine gläserne Brücke verbindet den Längs- mit dem Querriegel. Die Erschließung erfolgt über verglaste, vorgesetzte Stiegenhäuser und gedeckte Laubengänge. Die Wohnungen für vier bis sechs Studierende haben durchlaufende Balkone an der rückwärtigen Hausseite. Die Zusammengehörigkeit der beiden Heime in der Moserhofgasse zeigt sich auch äußerlich in der Aluminiumverkleidung beider Bauten. Ebenso bildet bei beiden Objekten ein Zeichensaal auf dem Dach als auskragender Riegel den „Kopf" der Anlage. Zernigs Bau ergänzt das Angebot des anderen Studentenwohnheimes in der Moserhofgasse durch Sauna, Fitnessraum, weitere Musikproberäume, einen Partyraum und Seminarräume. mw

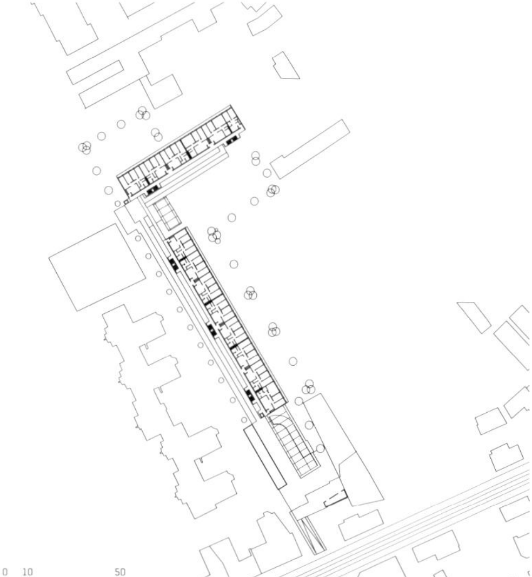

FRIEDHOFSKAPELLE ST. PETER

Werner Hollomey (2002)

Raffinierter als es auf den ersten Blick erscheinen mag, setzt dieses unauffällige Gebäude eine Friedhofsmauer zur Straße hin, die sich südostwärts in Richtung Friedhof öffnet. Die so entstehenden Außenräume bilden an der Hauptachse einen umschlossenen Hof sowie einen Portikus mit schlanken Säulen, der für einen sanften Übergang sorgt und dank einer Teilverglasung auch im Winter als Foyer genutzt werden kann. An der nördlichen Ecke der Anlage befinden sich ein Nebengebäude mit einer darüber liegenden Portierswohnung sowie eine eigene Zufahrt für die Zubringung bei Zeremonien.
Die Kapelle mit Aufbahrungshalle erstreckt sich in nordwestlicher Richtung. Sie besteht aus einer Ädikula mit vier Säulen, die eine gewölbeartige Decke tragen, unter welcher der Aufbahrungsort lokalisiert ist. Verdeckt liegende Oberlichter werfen ein inspirierendes Licht auf die Seitenwände und vermitteln das Gefühl eines meditativen Raumes im Raum. pbj

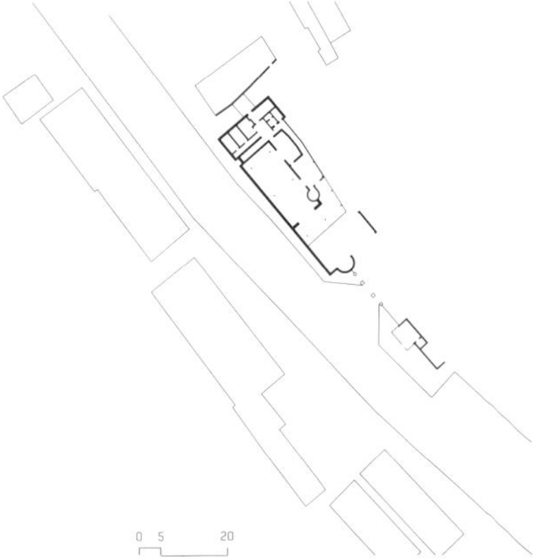

C 11 → Sandgasse 17, 19

WOHNBAU SANDGASSE

Michael Szyszkowitz + Karla Kowalski (1991)

Die L-förmige Anlage liegt am Rande eines kleinen Parks. Die Architekten teilten den hofartigen Freiraum in einen Bereich mit öffentlichem Charakter und in einen der Hausgemeinschaft zugeordneten Bereich. Diese halböffentliche Zone ist durch ein erhöhtes Niveau und eine spezifische Gestaltung ausgewiesen. Zusammen mit der Erschließung – glasüberdachte Treppenanlagen und Laubengänge mit halbprivaten Brücken zu den einzelnen Wohnungen – entsteht ein bewegter Überleitungsbereich zwischen Privatem und Öffentlichem, innen und außen. Eine pergolaartige Gerüststruktur, welche die gebogene Dachlinie fortsetzt, markiert den vertikalen Raumabschluss. An der Straße wird man durch ein torartiges Entree auf diesen reich gestalteten halböffentlichen Bereich vorbereitet. mw

C 12 → Inffeldgasse 10

STUDIENZENTRUM INFFELDGRÜNDE, TU

Michael Szyszkowitz + Karla Kowalski (2000)

Das Studienzentrum ist vielmehr ein Ort des Lebens als ein architektonisches Objekt. In diesem vom Funktionalismus geprägten Viertel – geradlinige öffentliche Räume, Häuserblöcke ohne Eigenleben – haben die Architekten Szyszkowitz und Kowalski temperamentvoll eine andere urbane Kultur eingebracht. Sie haben in der Tat ihre Parzelle „ausgehöhlt", also einen zentralen Hohlraum hergestellt, um einen inneren „Platz", einen Hof, zu öffnen. Dieser kleine Platz bereichert das Programm und ist durch seine Nutzung zu einem Katalysator für kollektive Aktivitäten geworden. Der Eindruck des Hofes ist gegensätzlich zum Charakter der Straßenfronten gestaltet. Die Anordnung der Räume und die verschiedenen Aktivitäten verteilen sich um diesen zentralen Außenraum herum, der zugleich offen und geschützt ist: geschützt vor der Außenwelt durch die U-förmige, metallisch wirkende Schale des Gebäudes und offen für das Licht von oben durch eine laubenartig gespannte Stahlstruktur und ebenso offen zu den Räumen dank einer großflächig verglasten Innenfassade mit einem kraftvollen rötlichen Farbton. Das Gesamtbild wird durch einen klaren Schnitt der Volumina und eine phantasievolle wie sorgfältige technische Ausführung unterstützt. mhc

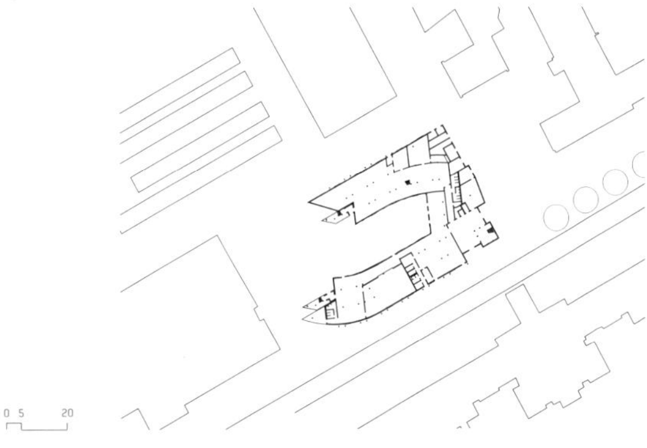

C 13 → Inffeldgasse 16

INFORMATIONSTECHNISCHE INSTITUTE, TU

Florian Riegler – Roger Riewe (2000)

Mit der Entwicklung einer neuen Einstellung zur Schaffung von Urbanität am Campus bereichert ein weiteres Architektenteam die Gebäudelandschaft der Inffeldgründe. Riegler und Riewe möchten ihrerseits dem Institutskomplex ein urbanes Innenleben geben, wobei sie aber nach anderen Prinzipien vorgehen. Der Komplex wurde in einzelne Einheiten unterteilt, die in parallel angeordneten und untereinander über lange Stege verbundenen schmalen Gebäudebereichen untergebracht sind, die Innenraum schaffen und Licht spenden. Die Reihe an Einzelbauwerken bildet mehr ein Ensemble als ein Gesamtobjekt, bietet ein Prinzip der Ausdehnung, das sich fortsetzen könnte, und bringt viel Fluss in die inneren Bewegungsabläufe. Diesem Fluss wird hier durch eine sehr zurückhaltende architektonische Behandlung Ausdruck verliehen: Monochromie von glattem Beton und Glas, bewusste Ästhetisierung in Konstruktionseinzelheiten. mhc

ELEKTROTECHNISCHE INSTITUTE, TU

Hubert Hoffmann, Ignaz Gallowitsch (1972)

Die Inffeldgründe im Süden der Stadt wurden als Ausweitungsgebiet der Technischen Universität vorgesehen und sind seither durch zahlreiche Institute und universitäre Einrichtungen verbaut worden. Die elektrotechnischen Institute gehören zu den ersten Komplexen, die nach funktionellen Gesichtspunkten auf der Grundlage eines Verbauungsplanes errichtet wurden. Sie enthalten Lehr- und Forschungseinrichtungen der Hochspannungstechnik, für den Bau und Betrieb elektrischer Anlagen, der Elektromedizin, Hochfrequenztechnik, Nachrichtentechnik und Wellenausbreitung. Die bauliche Erscheinung zeigt ein Fertigteilsystem in Stahlbeton mit Waschbetonverkleidung, wobei die Innengliederung als flexibles Konzept den differenzierten Anforderungen von Lehr- und Werkstatträumen entspricht. Besondere Aufmerksamkeit erregt der höchste Bau der Anlage, die Hochspannungsversuchshalle, die semantisch das hochtechnische Innere in einer ästhetisch überzeugenden Stahlgitter-Konstruktion nach außen treten lässt. eg

PFARRZENTRUM ST. PAUL

Ferdinand Schuster (1971)

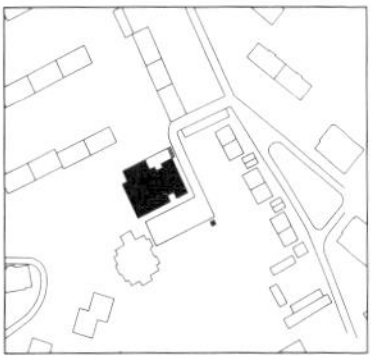

Die in eine große Wohnanlage aus den späten fünfziger Jahren eingebettete Saalkirche erfüllt in überzeugender Weise die Forderungen des 2. Vatikanischen Konzils, als „ecclesia" zu den Menschen zu kommen. Im Erscheinungsbild eines flachen kubischen Baukörpers und der Materialwahl des Stahls treten funktionelle Prinzipien hervor, die zugleich auf das Wirkungsgebiet des Architekten im obersteirischen Industriegebiet verweisen. Der Innenraum eines höhenabgestuften Mehrzweckraumes zeigt in seiner Lichtführung dagegen jene Artikulation eines gottesdienstlichen Raumes, der auf eine meditative Mitte bezogen ist und zugleich andere kulturelle und gesellschaftliche Nutzungen erlaubt. Entsprechend ist eine flexible innere Ausstattung gegeben.
Eine zweiachsige Erweiterung des spiegelsymmetrischen Baukörpers ist einer Werktagskapelle und Jugendbetreuungsräumen sowie der Pfarrkanzlei vorbehalten. Der niedrige Glockenturm wurde erst später errichtet. eg

ZENTRALE LEHRWERKSTÄTTE

Bernhard Hafner (2000)

Der konstruktive Expressionismus in Graz manifestiert sich auch in „sanfteren" Beispielen einer Suche nach Form als dies bei den Gewächshäusern oder der Biochemie der TU Graz (siehe B11 und C03) der Fall ist. In der zentralen Lehrwerkstätte der Landesberufsschule wird zum Beispiel das alte Thema des kreisförmigen Planes und eines regelmäßigen Gerüstes wieder aufgenommen. Der Kern des Gebäudes dient hauptsächlich als Bereich für Lagerräume, die mit einem kreisförmigen, internen Steg verbunden sind. Dieser stellt auch eine Verbindung zu den Werkstätten her, die kranzförmig um den Kern herum angeordnet sind und großzügig durch eine verglaste Fassade ausgeleuchtet werden, die durch eine äußere Tragestruktur gehalten wird. Der Bau zeigt die auch theoretisch vom Architekten Bernhard Hafner erarbeitete Systematik struktureller, Moden abschwörender Architektur. mhc

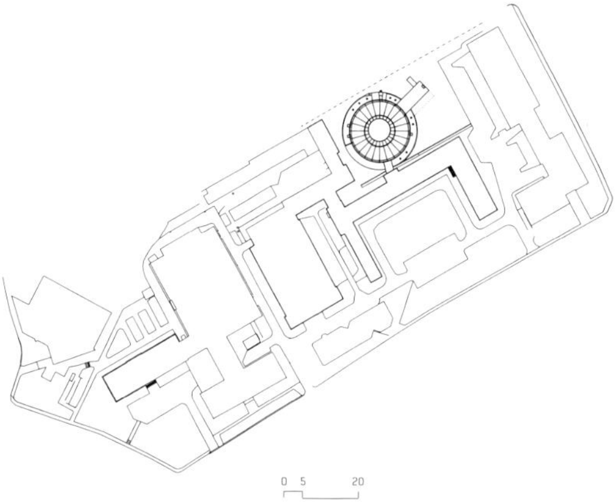

C 17 → Eichholzerweg 4-24

WOHNBAU CASA NOSTRA

Florian Riegler – Roger Riewe (1992)

Ein durchdachter Verbund von elf Einfamilienhäusern wurde aus den örtlichen Gegebenheiten eines schmalen Grundstücks in Hanglage und den Wohnwünschen der Bauherren entwickelt. Die Anordnung der Baukörper, die noch durch Betonrahmen akzentuiert sind, führt zu einer erstaunlichen Vielfalt an räumlichen Situationen, in der wohl jeder seinen persönlichen Freiraum finden kann. Allen Bewohnern ist durch die Staffelung die gleiche Aussicht garantiert, aber auch die Erhaltung der Privatsphäre. Im Innern zeichnet sich „Casa Nostra" durch die extreme Flexibilität der Grundrisse aus. Ein subtiles Farbkonzept verbindet darüber hinaus die einzelnen Abschnitte, verleiht ihnen aber auch eine jeweils eigene Identität.
Dieser Wohnbau stellt in der Tat eine gelungene Kombination des kreativen Potenzials der Planer mit den Ansprüchen der Bewohner dar. wt

D

D 01 MODESCHULE
Ortweinplatz 1

D 02 GOLDEN NUGGET
Grazbachgasse 65a

D 03 AUGARTENHOTEL
Schönaugasse 53

D 04 KINDERMUSEUM
Friedrichgasse 34

D 05 MUSEUM DER WAHRNEHMUNG
Friedrichgasse 41

D 06 AUGARTENSTEG
Augartenpark

D 07 WOHNBAU BROCKMANNGASSE
Brockmanngasse 102, 104/Schönaugasse 54a-b

D 08 WOHNBAU MIT KINDERBETREUUNGSEINRICHTUNGEN
Schönaugasse 132/Fröhlichgasse 90

D 09 WOHNPARK MURPROMENADE
Am Langedelwehr 26-34

D 10 MEDIENTURM UND GALERIE
Großmarktstraße 8b

D 11 KINDERGARTEN DORNSCHNEIDERGASSE
Dornschneidergasse 41, 43, 45

D 12 NAHVERKEHRSKNOTEN PUNTIGAM
Schwarzer Weg

D 13 SYNAGOGE
David-Herzog-Platz 1

D 14 GERIATRISCHES ZENTRUM – BETREUTES WOHNEN
Albert-Schweitzer-Gasse 36

D 15 WOHNBAU JOSEF-HUBER-GASSE
Josef-Huber-Gasse 28

D 16 KINOWELT ANNENHOF
Annenstraße 29

D 17 WOHNBAU EHEMALIGE STADTMÜHLE
Orpheumgasse 16

D 18 BAD ZUR SONNE
Feuerbachgasse 11-13

D 19 WOHNBAU DEFREGGERGASSE
Defreggergasse 6

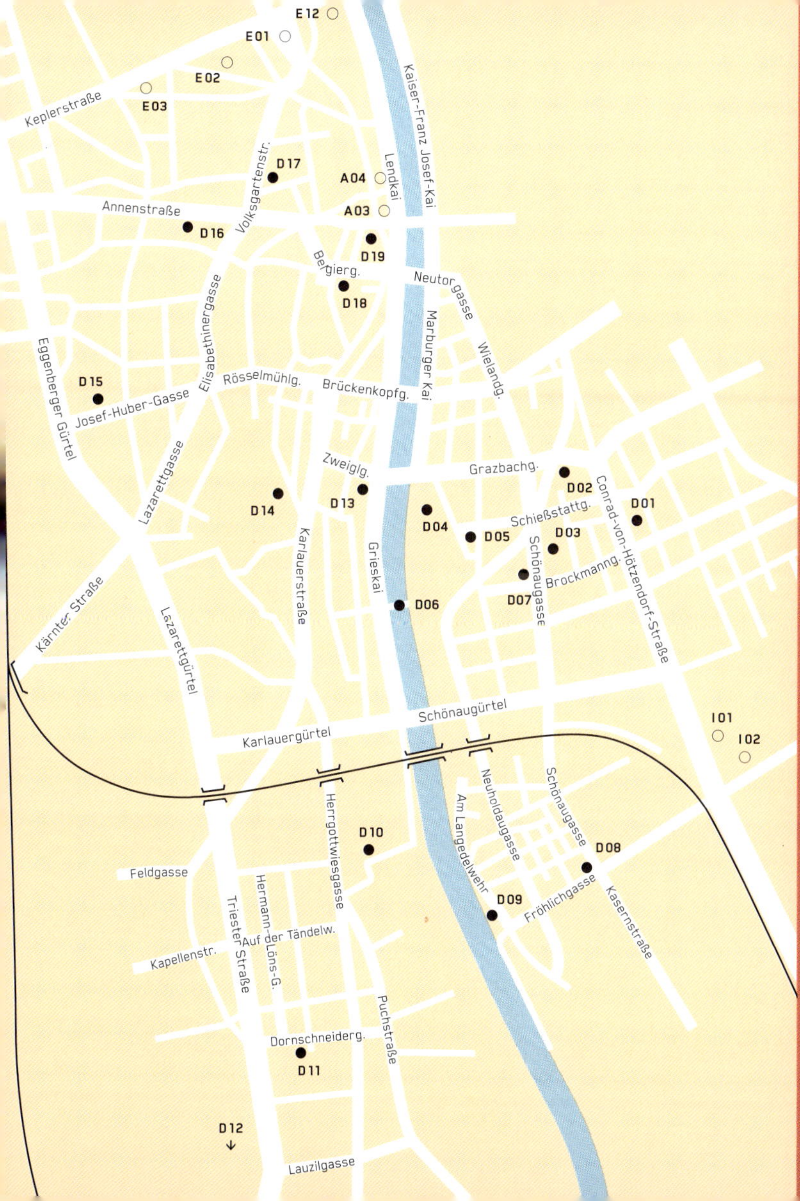

E12
E01
E02
E03
Keplerstraße
Volksgartenstr.
D17
A04
Lendkai
Kaiser-Franz Josef-Kai
Annenstraße
A03
D16
D19
Bergierg.
Neutorgasse
D18
Elisabethinergasse
Marburger Kai
Wielandg.
Eggenberger Gürtel
D15
Rösselmühlg.
Brückenkopfg.
Josef-Huber-Gasse
Lazarettgasse
Zweiglg.
Grazbachg.
D02
D14
D13
D04
Schießstattg.
D01
D05
D03
Conrad-von-Hötzendorf-Straße
Karlauerstraße
Grieskai
Schönaugasse
Brockmanng.
D07
D06
Kärntner Straße
Lazarettgürtel
Schönaugürtel
Karlauergürtel
I01
I02
Herrgottwiesgasse
Neuholdaugasse
Am Langedelwehr
Schönaugasse
D10
D08
Feldgasse
Hermann-Löns-G.
D09
Fröhlichgasse
Kasernstraße
Triester Straße
Auf der Tändelw.
Kapellenstr.
Puchstraße
Dornschneiderg.
D11
D12
Lauzilgasse

D 01 → Ortweinplatz 1

MODESCHULE

Adolph-Herbert Kelz (1998)

Die Grazer Modeschule – die ehemalige Staatsgewerbeschule am Ortweinplatz – ist ein sehr ausgewogenes, mit Jugendstilelementen versehenes Gebäude, welches nach Plänen von Adolf Inffeld 1933 fertig gestellt wurde. Dem Architekten, der mit einem Umbau und einer Erweiterung des Gebäudes beauftragt wurde, gelang es, mit dem wertvollen Erbe einen fruchtbaren Dialog einzugehen. Der neue Flügel mit den Klassenräumen und weiteren schulischen Einrichtungen befindet sich am Ende der Parzelle, in der fließenden Verlängerung des großen inneren Korridors, der eine Verbindung zur alten Schule herstellt. Vom Innenhof aus bemerkt die Besucherin bzw. der Besucher diese Erweiterung, eine große Fläche aus glattem Glas, durch die Fassade. Wenn man weiter in die neuen Räume vordringt, entdeckt man, dass der Architekt hinter dieser Glasfläche, unter dem „Vorwand" der Suche nach Licht, eine persönlichere Note einfließen hat lassen: Das abwechselnde Spiel horizontaler Bänder und vertikaler Monolithe aus Beton zeichnet eine Innenfassade, die von einer neo-modernen Kultur zeugt, die sich in Graz sonst nur selten behauptet. mhc

D 02 → Grazbachgasse 65a

GOLDEN NUGGET

INNOCAD (2005)

Extravagant und eigenwillig präsentiert sich das Wohn- und Bürohaus, das eine Baulücke zwischen zwei Gründerzeithäusern auffüllt. Die Fassade aus goldfarbenen Schindeln und großen Glasfeldern ist mehr als bloß auffällige Hülle. Das spannungsreiche Spiel von Material und Fläche setzt sich dahinter fort. Im Hof wurde ein bestehendes Haus aus dem 18. Jahrhundert erhalten und – rundum mit goldener Farbe beschichtet – visuell an den Neubau angedockt. Als „gebaute Corporate Identity" bezeichnen die Architekten selbst das Gebäude, in dem sie im Erdgeschoss sowie im Hofgebäude ihr Atelier eingerichtet haben, denn es ist die Haus gewordene Umsetzung ihres Logos aus goldenen Quadraten. Sichtbetonwände sowie goldfarbene Vorhänge und Leichtbauwände garantieren auch in den ab dem zweiten Obergeschoss untergebrachten Wohnungen ein ungewöhnliches Ambiente.
Die wichtigste Botschaft: Neue Architektur kann eigenständig sein und sich dennoch harmonisch in ein Ensemble aus einer früheren Epoche einfügen. fl

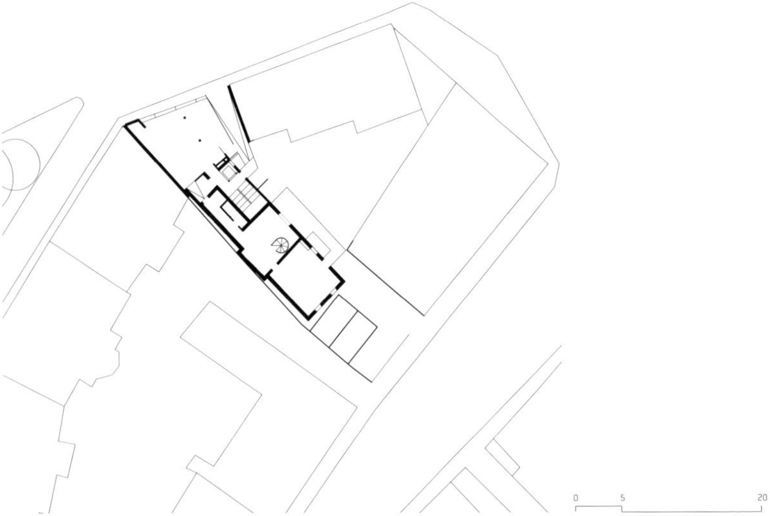

D 03 → Schönaugasse 53

AUGARTENHOTEL

Günther Domenig, Gerhard Wallner (2000)

Der baukünstlerische Wert des aus zwei Baukörpern bestehenden Hotels liegt im Umgang mit der kontrastreichen urbanen Situation. Auf einem schmalen und tiefen Grundstück ist es den Architekten mit einem verdichteten Konzept gelungen, sowohl auf die benachbarte Bebauung zu reagieren als auch zu einer selbständigen Aussage vorzudringen. Der linear angelegte Baukomplex bringt Richtung und Orientierung in das heterogene Ambiente. Die begleitende Wegführung verbindet zwei Straßenzüge und integriert das Hotel in den öffentlichen Raum. Die leicht geschwungene Fassadenfläche im Norden unterstreicht die Wegführung. Zwischen den beiden Baukörpern ist ein Freiraum gestaltet, der das Fassen des Gesamtobjektes und ein Identifizieren mit dem Standort ermöglicht. Die offenen Erschließungsgänge verleihen dem Objekt Plastizität, wobei zugleich durch die maßstäblichen Verhältnisse dem Wohnumfeld entsprochen wird. gd

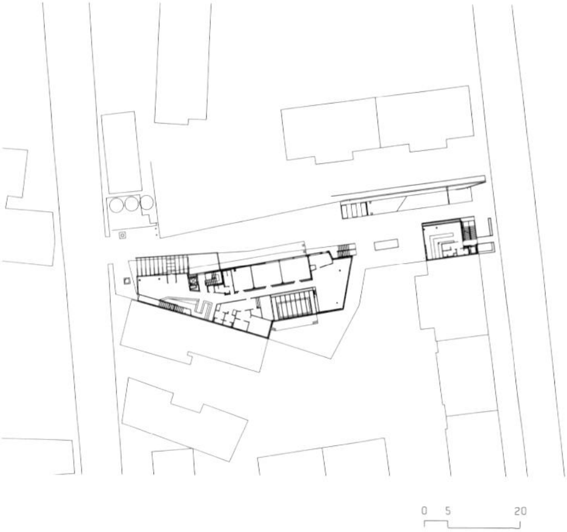

D 04 → Friedrichgasse 34

KINDERMUSEUM

Hemma Fasch & Jakob Fuchs (2003)

Das Kindermuseum befindet sich im Augarten, einer in südlicher Richtung am Ufer der Mur gelegenen Parkanlage. Der Eingang des frei stehenden Pavillons weist nach Norden, ein abgesenkter Garten an der Westseite gewährt Besuchern Einblicke in das Reich der Pflanzen. Das Gebäude selbst stellt – zusätzlich zum geplanten Ausstellungsinhalt – eine aufregende räumliche Erfahrung und damit eine Herausforderung für den kindlichen Erkundungsgeist dar. Es zeichnet sich durch das dynamische Zusammenspiel verschiedener Ebenen und eine äußerst abwechslungsreiche Fensteranordnung aus. Das Gebäudeinnere ist großteils in Nordlicht getaucht, das durch Sheddächer fällt. Das spitz zulaufende Grundstück wurde klug genutzt. Die Betonung von Diagonalen und gefalteten Ebenen macht das Kindermuseum zu einem prononcierten Zeitgeistgebäude, in das laut Angabe der Architekten eine Reihe von ökologischen Baukonzepten eingeflossen ist. pbj

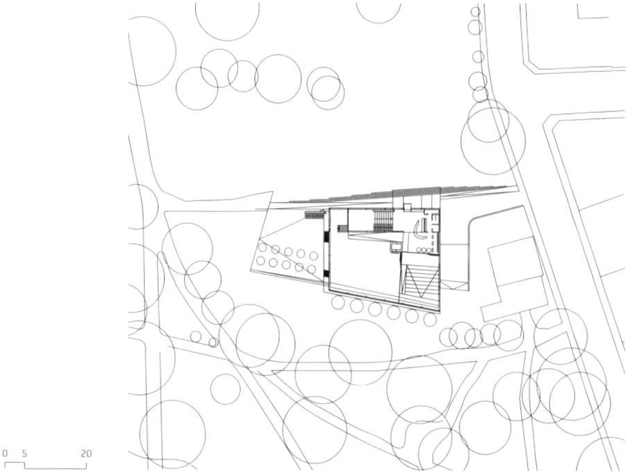

MUSEUM DER WAHRNEHMUNG

Michael Kocher (1998), Anna Popelka / Georg Poduschka (1999)

Das achteckige, ehemalige Badehaus aus der Zeit der Jahrhundertwende mit seinem zentralen Heizkamin und den strahlenförmig angeordneten Baderäumen kennzeichnete einen historischen Moment in der Versorgung mit öffentlichen Einrichtungen, verlor jedoch seine Bedeutung mit der Verlagerung der Befriedigung von Reinlichkeitsbedürfnissen in den privaten Bereich. Der neue Verwendungszweck des Gebäudes als „Museum der Wahrnehmung" scheint dank der klaren Formen und dynamischen Raumgestaltung des Baues durchaus angemessen. Die Wahrnehmungsinstallationen im Hauptgeschoss offenbaren mit überraschenden Mitteln die Widersprüchlichkeiten und Ungereimtheiten, die unsere sinnliche Wahrnehmung der Welt begleiten. Mit dem Eintauchen in die virtuelle Welt der Experimente scheint der ursprünglich kleine Raum mit seinen wenigen Installationen an Größe zu gewinnen. Das Samadhibad im Untergeschoss besteht aus einem eigens konstruierten Schwebetank und verschiedenen Räumen, die Möglichkeiten zur Vorbereitung, Unterhaltung und Entspannung bieten. pbj

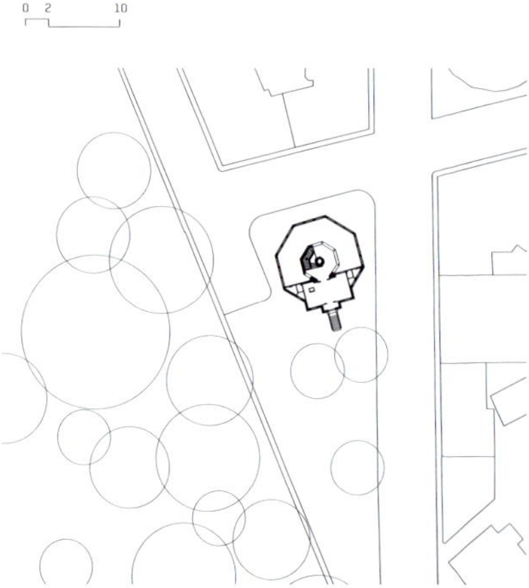

AUGARTENSTEG

Herwig Illmaier (1998)

Die Errichtung eines Fußgängerstegs zwischen dem Augartenpark im Osten und dem an Bedeutung gewinnenden Stadtteil am rechten Murufer ist eine weitere Version der Arbeit mit unter dynamische Spannung gesetzten Strukturen, die der zeitgenössischen Grazer Architektur einen guten Teil ihrer Ästhetik verleiht. Der Architekt hat eine spindelförmige, selbstspannende und abgeschrägte Trägerstruktur geschaffen, wobei er sich bei den Bögen auf die Suche nach möglichst zarten Profilen und besonderer Leichtigkeit gemacht hat. Die Sockel an den beiden Ufern sind außergewöhnlich schlicht, gleichzeitig ist durch die Verstrebung der Bögen der Ausblick auf den Park in keiner Weise behindert. mhc

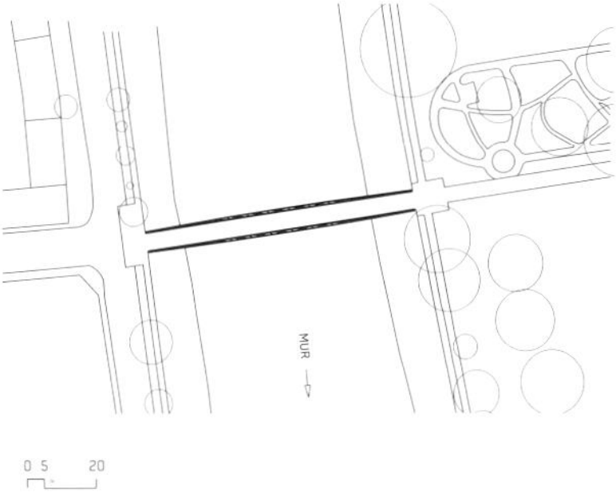

D 07 → Brockmanngasse 102, 104/Schönaugasse 54a-b

WOHNBAU BROCKMANNGASSE

INNOCAD (2006)

Eine bestehende Blockrandbebauung aus unterschiedlich hohen Gebäuden, bestehend aus Wohnungen, Werkstätten, Garagen aus der Zeit der Jahrhundertwende und der Gründerzeit, wurde umfassend saniert und mit neuen Wohngeschossen überbaut und so in der Höhe an die umliegende Bebauung angepasst. Der Neubau stülpt sich über den Bestand und geht mit ihm eine durchaus harmonische Symbiose ein. Unterstützend wirkt dabei die Farbgebung in Grautönen, die sich über alle Fassadenflächen und Gebäudedetails des Patchworks aus Bestandsbauten und neuen Ergänzungen zieht. Das Alte lebt im neuen Kontext weiter, aus Relikten wurde ein neues Ganzes. Doch auch wenn die Komponenten aus unterschiedlichen Zeiten eng miteinander verwoben sind, bleiben die zeitlichen Schichten doch deutlich ablesbar. Von außen verströmt das bizarre Konglomerat einen etwas rauen Charme, im begrünten Innenhof entpuppt sich der von unterschiedlich gearteten Freiräumen durchsetzte Mix verschiedener Wohnungstypen als attraktive Wohnoase. fl

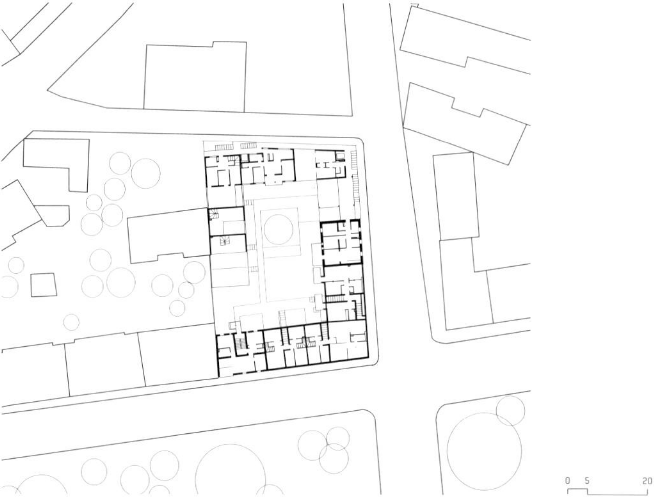

D 08 → Schönaugasse 132/Fröhlichgasse 90

WOHNBAU MIT KINDERBETREUUNGSEINRICHTUNGEN

Wolfgang Pittino & Klaus Ortner (2008)

Eine inhaltlich und formal anspruchsvolle Kombination in einem städtischen Bereich, der Aufwertungen vertragen kann: Wohnen und Kinderbetreuung überlagern einander im Sinn des Wortes. Die unterschiedlichen Funktionen des mit Gespür für Volumina gegliederten Komplexes sind an den Oberflächen abzulesen, zeigen doch die Kinderbetreuungseinrichtungen an den Fassaden dezent Farbe. Ein Teil des viergeschossigen Wohnbaus wird ab dem zweiten Stock mit Laubengängen erschlossen, ein anderer Bauteil über einen Vorplatz entlang der Straße. Hinter den straßenseitig gelegenen Baukörpern befinden sich Grünräume. Der Kindergarten, ein eigener Bauteil mit wellenartig geschwungenem Dach, begrenzt das Areal an der Nordseite und trägt damit wesentlich zur Schaffung eines gut abgeschirmten, vielseitig nutzbaren Innenhofs bei. wt

D 09 → Am Langedelwehr 26-34

WOHNPARK MURPROMENADE

Team A Graz (2001)

Das Grundstück liegt direkt am Erholungsgebiet der Mur in einer sonst nicht übermäßig attraktiven Wohngegend südlich des Stadtzentrums. Die städtebauliche Lösung wird auf einsichtige Weise dieser Situation gerecht. Von einer sechsgeschossigen durchgehenden Blockrandbebauung entlang der Straße im Osten des Grundstücks zweigen vier westorientierte „Finger" ab, die sich mit großzügigen Terrassen zur Mur hin abtreppen und zum Flussraum offene Gartenhöfe ausbilden. Die Erschließung erfolgt über Laubengänge, die terrassierten „Finger" docken mit verglasten Brücken an. Sämtliche Wohnungen öffnen sich nach Süden bzw. Westen zur Mur und schaffen eine anerkennenswerte Wohnqualität. mw

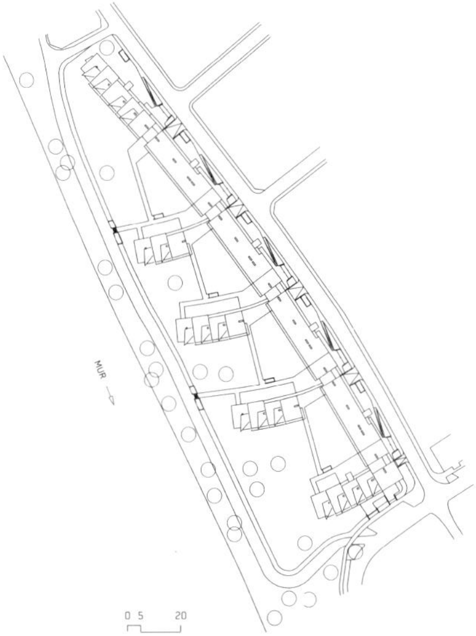

D 10 → Großmarktstraße 8b

MEDIENTURM UND GALERIE

Manfred Wolff-Plottegg (1999)

Ende der 1990er Jahre wurde der alte Wasserturm auf dem Gelände des ehemaligen Schlachthofs von einem Galeristen erworben und zu einem „Medienturm" umgestaltet. Über eine nordseitig vorgelagerte Stahlkonstruktion, welche das offene Treppenhaus und den Aufzug beinhaltet, ist der Turm nunmehr als sehr spezifischer, einprägsamer Veranstaltungsort erstmals für die Öffentlichkeit zugängig. Unmittelbar daneben entstand danach ein Kubus mit einem ausgemauerten Skelett aus Stahlbeton-Fertigteilen. Der mehrgeschossige, mit Aluminiumplatten verkleidete „Industriebau" ist in den oberen Geschossen als stützenfreie Halle mit Serviceteil und Erschließung ausgebildet. Wie der Turm wird auch der Galeriebau über eine vorgelagerte Stahlkonstruktion mit Stiegenhaus erschlossen. Was den schlichten Bau aus der disparaten Gemengelage seiner unmittelbaren städtebaulichen Umgebung hervorhebt, das sind jene markanten organischen „Patterns", mit denen der Künstler Peter Kogler alle Oberflächen überzogen hat. Damit ist hier ein „dekorierter Schuppen" mit hoher Signifikanz entstanden, der zusammen mit dem Medienturm eine Attraktion des Areals verkörpert. frw

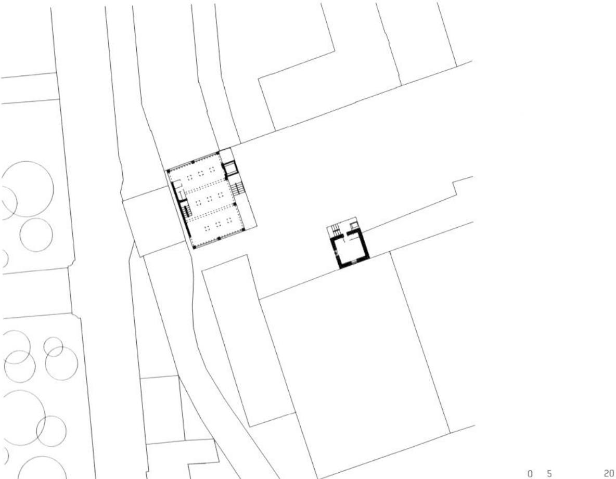

D 11 → Dornschneidergasse 41, 43, 45

KINDERGARTEN DORNSCHNEIDERGASSE

Werner Wratschko + Gerald Wratschko (2000)

Eine bestehende Baumreihe lieferte die Voraussetzung für die Anordnung des Kindergartens. Zwischen der Allee, die man erhalten bzw. einbeziehen wollte, und der Straße blieb als Baugrund ein lang gestrecktes Rechteck übrig. Darüber schwingen sich zwei gekrümmte, in Längsrichtung gegeneinander verschobene Dachschalen aus Wellblech auf, welche einerseits eine markante Großform ergeben, andererseits aber auch flexible Nutzungen unter den Dächern ermöglichen. Foyer, Kindergarteneingang, Elternberatung und Jugendtreff, all das ist unter den aufgipfelnden oder bergenden Partien der signifikanten Silhouette jeweils eindeutig ablesbar. Anstatt harte Zäsuren zwischen innen und außen zu festigen, offeriert das durchgängig offene, auf- und absteigende Gerüst der Holzkonstruktion fließende, individuell gestaltete Übergänge zwischen Natur und Bauwerk. Architektur verwandelt sich hier in eine offene, kindgerechte Topographie, wenn nicht gar in ein eigenständiges Objekt der Land-Art. frw

NAHVERKEHRSKNOTEN PUNTIGAM

Christoph Zechner & Martin Zechner (2006)

Eine spannende Realisierung zur Verbesserung des öffentlichen Verkehrs im Zusammenspiel von Verkehrsarchitektur und Landschaftsgestaltung. Die Aufgabe der Zusammenführung von Bahn, Straßenbahn, Bus und Taxi sowie die Einrichtung diverser infrastruktureller Notwendigkeiten von Kiosken bis zum WC ist mit viel Liebe zum Detail gelöst.
Die Notwendigkeit, das Gelände um mehrere Meter abzusenken, ist mit großem Geschick genutzt, um ein vielgestaltiges parkartiges Ambiente zu schaffen. Damit erhält der „Unort" eines Nahverkehrsknotens an der Peripherie eine nahezu heimelige Atmosphäre, in der sich gut verweilen lässt, hat man einmal einen Anschluss verpasst. Der fast hundert Meter lange Wartebereich im künstlich geschaffenen „Kessel" ist durch eine luftig wirkende, gegliederte und gewölbte Überdachung aus Stahl und beschichtetem Glasfasergewebe geschützt. wt

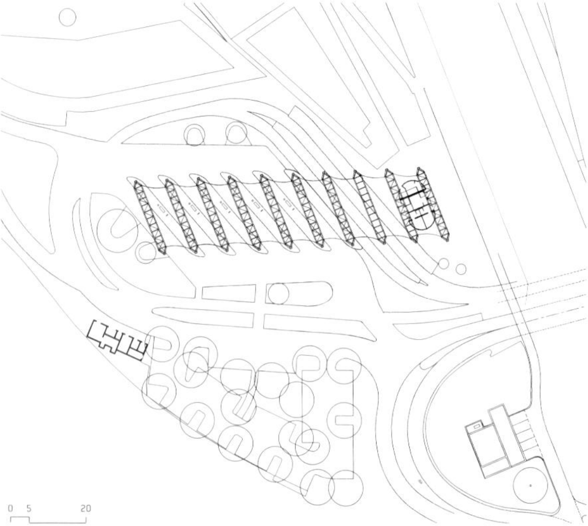

D 13 → David-Herzog-Platz 1

SYNAGOGE

Jörg und Ingrid Mayr (2000)

An dieser Stelle stand einst eine eindrucksvolle Synagoge, die im Jahr 1892 am Flussufer der Mur erbaut worden war. In der berüchtigten Reichskristallnacht von 1938 wurde das Gebäude jedoch in Brand gesteckt und anschließend abgerissen. Die im Jahr 2000 fertig gestellte neue Synagoge wurde der jüdischen Gemeinde von der Stadt Graz als Zeichen der Sühne und Erinnerung übergeben. Sie besteht unter anderem aus Ziegelsteinen des ursprünglichen Bauwerks. Die Ziegel wurden im Rahmen eines Unterrichtsprojektes von Grazer Schülern geborgen, gereinigt und beim Bau als Erinnerungsgeste wiederverwendet. Der untere Teil des Gebäudes folgt den Grundmauern der alten Synagoge, deren Gestalt – eine auf einem Kubus ruhende Kugel – als Vorbild für den Neubau diente, der jedoch kleiner und abstrakter gestaltet wurde. Mit einer Kuppel aus Stahl und Glas sowie härteren, scharfkantigeren Ziegelsteinen versuchten die Architekten eine Neuinterpretation der Tradition. Das dunkle Glas erweckt von außen ein wenig den Eindruck der Undurchdringlichkeit, während sich das Innere der Synagoge durch eine großzügige Atmosphäre auszeichnet. Die Glaskuppel enthält eingravierte Gebetstexte. Das gläserne Pult, von dem aus die Thora verlesen wird, gibt den Blick frei auf den darunter liegenden Grundstein des Gebäudes. pbj

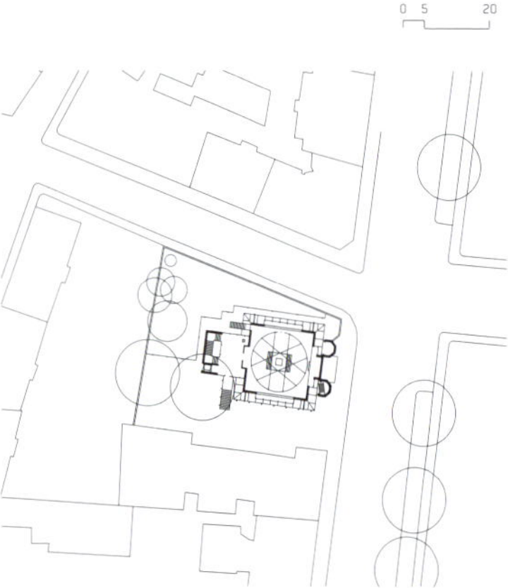

D 14 → Albert-Schweitzer-Gasse 36

GERIATRISCHES ZENTRUM – BETREUTES WOHNEN

Heiner Hierzegger (1997)

Optimale Betreuung älterer, pflegebedürftiger Menschen zu erreichen war das Ziel des Projektes. Der sechsgeschossige Stationstrakt und die zweigeschossige Tagesklinik des Krankenhauses im nördlichen Bereich der Gesamtanlage sind durch einen Erschließungsknoten verbunden. Die Therapietrakte der Tagesklinik im Erdgeschoss öffnen sich nach Süden und lassen dazwischen Platz für einen Seminarraum. Ein Patio ermöglicht die natürliche Belichtung der Erschließungen bis in das Kellergeschoss und steigert den Erlebniswert. Die Notwendigkeit einer übersichtlichen Gliederung des südlich anschließenden Seniorenwohnheims hat zu einer linearen Erschließung geführt, in die die Gemeinschaftsbereiche integriert sind. Ihr offener Charakter wird durch großzügige Verglasung unterstrichen. Die mehrheitlich nach Süden orientierten Wohnungen begleiten den angrenzenden öffentlichen Weg. Der zum Oeverseepark orientierte Wohntrakt setzt einen Akzent in der äußeren Wegeführung und markiert den Gebäudeeingang. gd

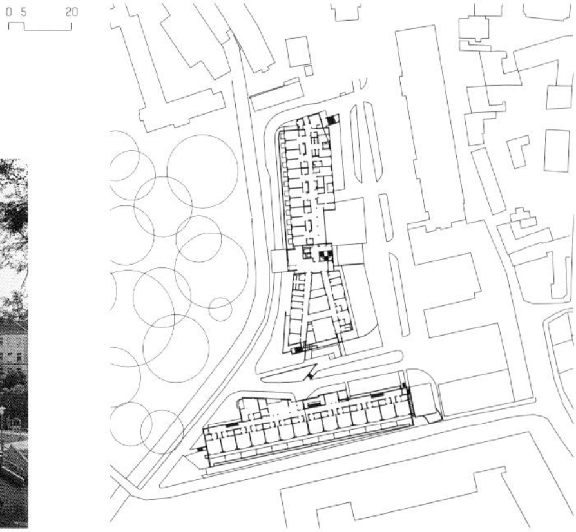

D 15 → Josef-Huber-Gasse 28

WOHNBAU JOSEF-HUBER-GASSE

Raimund Abraham (1993)

Aus einer Ecksituation im Anschluss an einen öffentlichen Park wurde das formale Programm durch den Architekten entwickelt: markante Vertikalen, Fenster als Rundungen und Schlitze, aufgebrochene Kanten, terrassierte Bauteile und Wölbungen. Dieses sechsgeschossige Wohn- und Geschäftsgebäude ist von einer Vielgestaltigkeit, die aber nicht verhindert, dass man den Komplex als Einheit erlebt. Im Anschluss an ein Gründerzeitwohnhaus verwirklicht, gibt das Haus Anschauungsunterricht in zeitgenössischer Architektursprache, die sich jeglicher Modeerscheinung widersetzt. Auf relativ kleinem Raum wird hier das geläufige Repertoire bekannter moderner Ausdrucksmöglichkeiten individuell durchgespielt. Damit wird eine sehr persönliche Etüde über Architektur als klassische Kunst der Organisation dreidimensionaler geometrischer Grundelemente zur Anschauung gebracht. Als baukünstlerischer Akt gibt dieser Wohnbau einer fast gesichtslosen städtischen Situation selbstbewusst Profil. wt

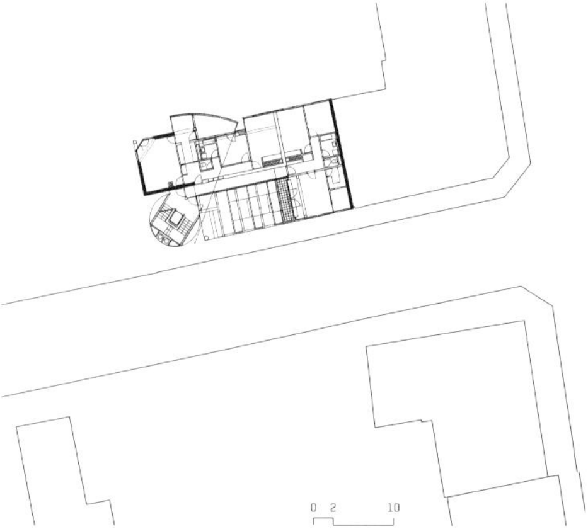

D 16 → Annenstraße 29

KINOWELT ANNENHOF

Michael Szyszkowitz + Karla Kowalski (1997)

Die Besonderheit dieses Großkinos besteht darin, dass es nicht wie gewohnt auf der grünen Wiese entstand, sondern höchst geschickt in dem historisch gewachsenen Gefüge der alten Grazer Murvorstadt adaptiert wurde.
So hat man das Multiplex-Kino als stadtbildverträgliche Fortschreibung des traditionsreichen Annenhofkinos konzipiert. Die immerhin über fünf Ebenen erschlossene weitläufige Topographie für acht Kinosäle versteckt sich ausschließlich im Hinterhof der traditionellen Annenstraßenbebauung. Lediglich zur Niesenbergergasse tritt der Neubau auch als solcher in Erscheinung.
Die Kante des polygonalen, hakenförmig geschnittenen Baugeländes wurde zum Blockinneren hin als ein tief eingelassener, verglaster Lichtgraben akzentuiert, welcher die dort unmittelbar angrenzenden Foyers, Stege, Brücken und Treppenhäuser nicht nur mit Tageslicht, sondern sogar mit Ausblicken versorgt. So ist an Stelle einer kryptischen Mega- oder Monostruktur mit antiurbaner Wirkung eine verborgene, kleinteilige Stadt in der Stadt von hohem Erlebniswert entstanden. frw

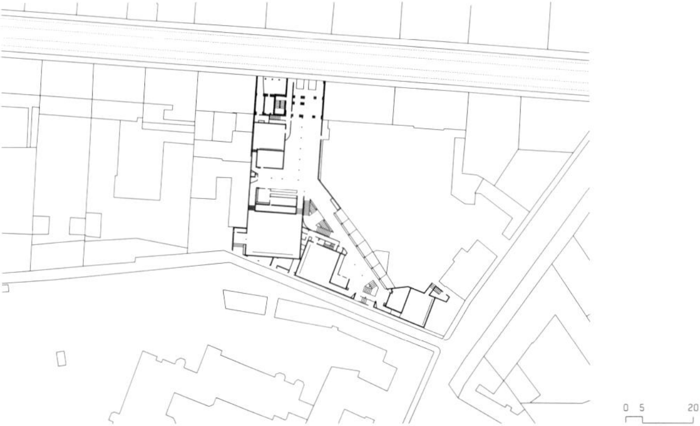

D 17 → Orpheumgasse 16

WOHNBAU EHEMALIGE STADTMÜHLE

Hans Gangoly (1999)

Denkmalschutz ist selten der Freund des innovativen Architekten. In diesem Fall trug eine Berücksichtigung des Denkmalschutzes ganz entscheidend zu einem überaus spannenden Projekt bei, weil ein privater Bauherr das Experiment wagte. In die monumentale Holzstruktur einer mehrgeschossigen alten Mühle im Stadtzentrum sind 22 Wohnungen gleichsam eingehängt. Das ergibt einen einzigartigen Mix aus privaten, also individuell genutzten, und „öffentlichen", gemeinsam bespielten Räumen (etwa ein überdachter Hof im ersten Stock). Licht fällt im Wesentlichen durch ein Glasdach in das Gebäude und die Öffnung an der Hinterseite für Lift und Stiegen zwischen den Raumvolumen. Über Stege bewegt sich die Besucherin bzw. der Besucher in der freundlichen Atmosphäre. Reizvoll ist auch das Zusammenspiel der neuen Materialien Beton, Glas und verzinktes Eisen mit den wuchtigen Holzbalken aus dem 19. Jahrhundert. wt

D 18 → Feuerbachgasse 11-13

BAD ZUR SONNE

Fritz Lorenz (2001)

Die Murvorstadt von Graz beherbergt eines der ältesten Bäder der Stadt, das nach seiner Eröffnung im Jahr 1874 Schritt für Schritt ausgebaut wurde. Zum dominierenden Merkmal der Anlage wurde schließlich das große, im Hof gelegene Freibecken. Es blieb bis zur Schließung des Bades im Jahr 1992, die durch den schlechten Bauzustand erforderlich geworden war, in Betrieb. Ein Renovierungsplan, der auch die Errichtung eines Seniorenheimes vorsah, führte zur Ausschreibung eines Architektenwettbewerbes im Jahr 1997. Der Sieger behielt die denkmalgeschützten Flügel und das Rahmentragwerk rund um das Bad bei und fügte einen neuen Block für das Seniorenheim sowie neue Ausfüllungen hinzu, einschließlich einer Glasfassade, die das Bad optisch zur Straße hin öffnet. Den nachhaltigsten Eindruck ruft jedoch das raffiniert konstruierte, mobile Glasdach hervor, das im Sommer geöffnet wird. Die ringsum laufenden Rampen und Galerien sind geschickt angeordnet, auf dem Dach befindet sich eine weitläufige Sonnenterrasse. Dabei bleibt der technische Aspekt stets unaufdringlich im Hintergrund. Die Güte der Arbeit und das darin eingeflossene architektonische Können erscheinen selbstverständlich. pbj

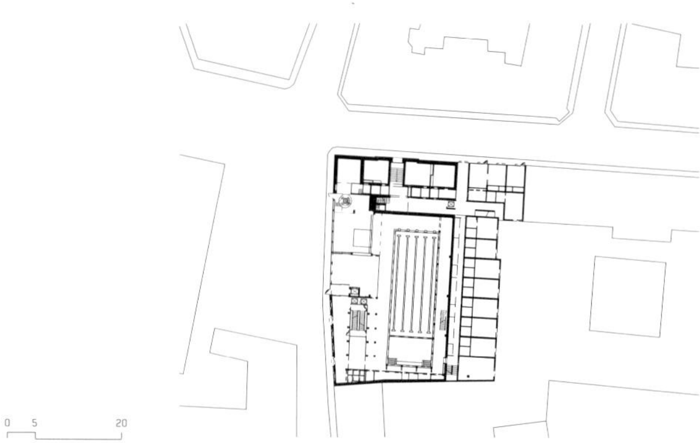

D 19 → Defreggergasse 6

WOHNBAU DEFREGGERGASSE

Hans Gangoly (1999)

Das ansprechende Wohn- und Geschäftshaus interpretiert auf architektonische Weise das plastische Thema „Kopf und Antlitz". Als Baulückenfüllung den Proportionen der Umgebung unterworfen, zeigt es in seiner Fassadenausbildung die vom Architekten hineingelegte individuelle Physiognomie. Dem kubischen Baublock über verglastem Sockel (ein Großraumbüro enthaltend) wird in den Obergeschossen in 60 Zentimeter Abstand eine zweite Schicht textiler beweglicher Screens vorgelagert, die optischen Schutz bieten und von innen nach außen vermitteln. Dieses „Augenzwinkern" ruft ein bewegtes Sonnen-Schattenspiel hervor, das mit der Betrachterin bzw. dem Betrachter auf der Straße kommuniziert. wt

Harald Saiko

E

E 01 LENDPLATZ
Lendplatz

E 02 WOHNBAU SIGMUNDSTADL
Sigmundstadl 22-26

E 03 RONDO HOME & BUSINESS; MARIENPLATZ
Marienplatz 1

E 04 HBLA SCHRÖDINGER
Schrödingerstraße 5

E 05 WOHN- UND SENIORENWOHNANLAGE FLOSSLEND
Floßlendstraße 26-42; 18-24

E 06 STUDENTENWOHNHEIM WIENER STRASSE
Wiener Straße 58a

E 07 PFARRZENTRUM SALVATOR
Robert-Stolz-Gasse 3

E 08 MARLANDHAUS
Grabenstraße 75

E 09 BG/BRG KIRCHENGASSE
Kirchengasse 5

E 10 WOHNBAU GRABENSCHLÖSSL
Grabenstraße 21

E 11 BÜRO- UND WOHNHAUS CORTOLEZIS
Körösistraße 21-23

E 12 DOPPELTURNHALLE, BRG KEPLERSTRASSE
Keplerstraße 1

E07
R.-Stolz-G.
Körösistraße
Theodor-Körner-Straße
Grabenstraße
Hochsteingasse
Grabengürtel
Kalvariengürtel
Fischergasse
E05
Floßlendstraße
E08
Laimburggasse
Bergmanngasse
Grabenstraße
Lange Gasse
E09
Kircheng.
E10
Muchargasse
E06
E11
Körösistraße
Lendkai
Wiener Straße
Humboldtstraße
Wickenburggasse
Parkstraße
A15
E04
Keplerstraße
E12
E01
E02
Sigmundstadl
A08
Kaiser-Franz-Josef-Kai
E03

LENDPLATZ

Norbert Müller (2000)

Der Lendplatz in der Murvorstadt, der letzte noch ländlichen Charakter aufweisende lang gezogene Straßenplatz von Graz, war als solcher nicht mehr erlebbar. Abgesehen vom Marktbereich in seinem Südteil war er zu einem reinen Verkehrsraum geworden. Die querende Keplerstraße in seinem Nordteil beeinträchtigt in hohem Maße die Platzeinheit. Die Randbebauung öffentlicher und privater Bauten gibt mit Ausnahme eines Hochhauses aus den fünfziger Jahren bei großer Funktionsvielfalt den moderaten Maßstab vor. Die Leitidee eines Anfang der neunziger Jahre durchgeführten Wettbewerbes war die Wieder-Zusammenbindung des Platzes durch eine ausgedehnte Fußgängerzone mit dichter Bepflanzung. Diese Idee konnte nur in eingeschränktem Maße umgesetzt werden, da auf eine mittige, nur durch eine Grüninsel gegliederte mehrspurige Fahrbahn im Mittel- und Nordteil nicht verzichtet werden konnte. Die Randzonen haben zum Vorteil der Urbanität und aus funktionellen Gründen eine ausgeweitete, optisch ansprechende Pflasterung erhalten, während die Baumbepflanzung allein eine Leitfunktion einnimmt. Kleinmaßstäbliche Straßeneinbauten, eine vereinheitlichte Kiosk-Gruppe und Straßenrestaurants vermitteln dem Platz wieder jene Atmosphäre, die der rechten Murseite gemeinsam mit neuen Kultureinrichtungen zu einer beachtlichen Aufwertung verhilft. mw

SPARKASSE
SPARKASSE

E 02 → Sigmundstadl 22-26

WOHNBAU SIGMUNDSTADL

Burgstaller - Paier - Schmölzer (1991)

Wohnvielfalt von der Garçonnière bis zur Maisonette bietet diese Verbauung einer Lücke in einem Stadterneuerungsgebiet. Wo ehemals Kleingewerbe blühte, mischt sich nun Wohnen mit diversen anderen Nutzungen. Die Architektur des 48 Wohnungen umfassenden Baues reagiert auf das heterogene Umfeld mit einer Konzeption aus differenzierten Formen und verschiedenen Materialien und schafft dabei Identität. Die organisatorische Logik und die Erschließung des Baukörpers mit seinen drei turmartigen Elementen bleibt im phantasievollen Entwurf der Anlage klar erkennbar. wt

RONDO HOME & BUSINESS; MARIENPLATZ

Markus Pernthaler, Hannes + Petruschka Vogel (2008)

Die bumerangartig gebogene, hybride Baukubatur „Rondo" rahmt das parkartige Gelände der ehemaligen Grazer Marienmühle. Auf dem malerischen, noch vom ehemaligen Mühlenbach durchflossenen Parkgelände befindet sich auch ein denkmalgeschützter Pavillon von Herbert Eichholzer. Der Neubau mit seiner markanten Kurvenform und der vorgespannten, schräg gestellten Membran aus Polycarbonatstegplatten beherbergt Wohnungen, Büros und Geschäfte sowie gastronomische Einrichtungen und Künstlerateliers, welche vom Land Steiermark zur Verfügung gestellt werden. Ein Highlight der Anlage sind die Bereiche zwischen der Fassadenmembran und dem Baukörper, welche sich inmitten urbaner Dichte als großzügig begrünte Frei- und Erholungsräume artikulieren.
Gleichsam als Proszenium zum Rondo fungiert der von Hannes und Petruschka Vogel künstlerisch gestaltete Marienplatz, welcher den historischen Werdegang des Areals thematisiert. frw

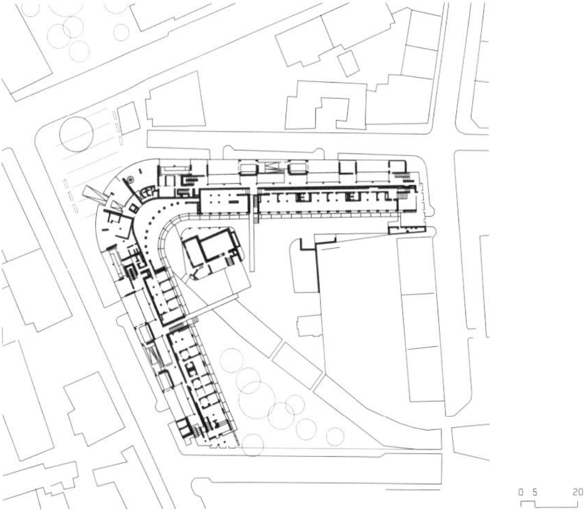

E 04 → Schrödingerstraße 5

HBLA SCHRÖDINGER

Wolfgang Steinegger (2004)

Im Zuge von Generalsanierung und Erweiterung wurde der Hof der Schule um ein halbes Geschoss abgesenkt, wodurch sich ein lang gestreckter Zubau markant, aber unaufdringlich vor den Altbestand schieben kann. In Ersterem sind im Erdgeschoss acht Klassen untergebracht, im Geschoss darunter diverse Kücheneinheiten. Das Klassengeschoss erhält durch seine Außenverkleidung mit schuppenartigen Edelstahlplatten von faszinierendem Oberflächenspiel einen schiffsähnlichen Charakter. Die Absenkung des Geländeniveaus gewährleistet auch für die Küchen eine höchst freundliche Anbindung an den Außenraum. Bestes (Ober-)Licht dominiert die Haupthalle, welche zwischen Alt- und Neubau entstanden ist und die optimale Erschließung der Trakte ermöglicht. Insgesamt ein Musterbeispiel für die Schaffung einer motivierenden Atmosphäre. wt

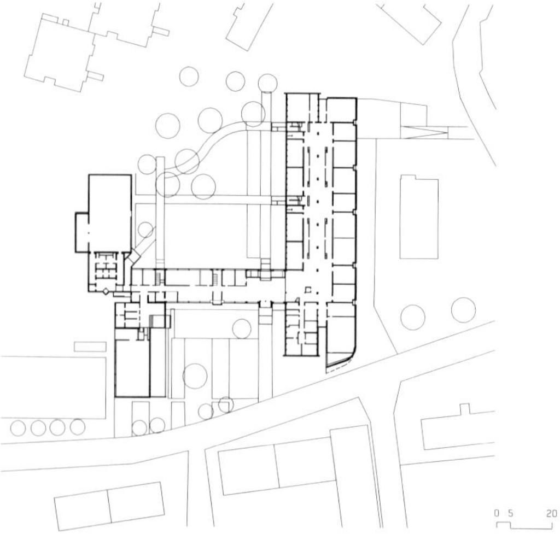

E 05 → Floßlendstraße 26-42; 18-24

WOHN- UND SENIORENWOHNANLAGE FLOSSLEND

Konrad Schermann (1992; 1996)

Maßnahmen der Stadterneuerung mit Rücksichtnahme auf historische Strukturen waren Grundlagen des Entwurfs. Wo sich einstmals Gewerbebauten der Floßlende befanden, entstand eine Wohnanlage, die mit den umliegenden Wohnbauten aus der ersten Hälfte des vorigen Jahrhunderts in Dialog tritt. 52 Wohnungen mit äußerst differenzierten Grundrissen sind auf mehrere Baukörper aufgeteilt, die einen geräumigen, gut belichteten Hof umschließen. Dieser öffnet sich zwischen den Seitentrakten und drei Wohntürmen zur Mur hin, während die Anlage straßenseitig als Riegel auch akustisch Schutz bietet. Die Wohntürme, bei denen sich die Planer formal von Murkraftwerken inspirieren ließen, sind in Richtung des Flusses elegant gerundet. Die Zylinderform findet sich weiters bei Ecktreppen und in Dachgeschossen wieder. Wo früher im südlichen Anschluss eine Arbeitersiedlung stand, wurde eine Seniorenwohnanlage errichtet. Ein schützender geschwungener Baukörper der Straße entlang ist dreigeschossig ausgeformt und endet mit einem spitz zulaufenden Gebäudeabschluss. Zur Mur hin sind drei einzeln stehende und durch verglaste Laubengänge verbundene Gebäude angeordnet, die Ein- bis Zweipersonenwohnungen enthalten. wt

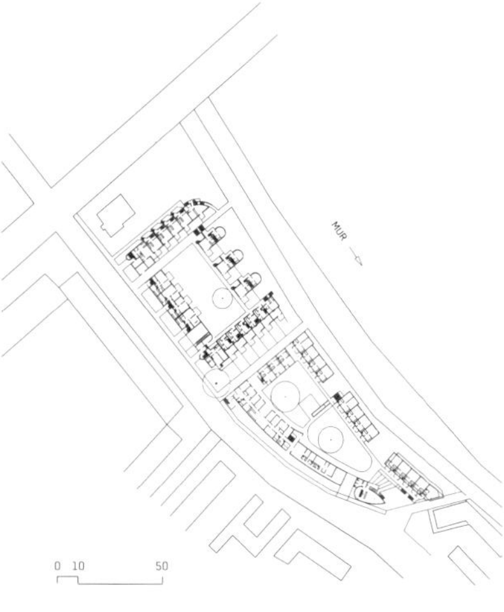

E 06 → Wiener Straße 58a

STUDENTENWOHNHEIM WIENER STRASSE

Klaus Kada (1991)

In vorstädtischem Umfeld nimmt die Konzeption dieses Studentenwohnheimes Bezug zur Tradition der Bebauung mit großen Innenhöfen, der Hofrandbebauung, in Graz und leistet zugleich einen innovatorischen Beitrag in Bezug auf Wohnqualität. Beispielhaft vereint dieses Gebäude mehrere Qualitäten: einen formal starken, aber auf aufgesetzt Expressives verzichtenden Entwurf, eine bei aller Komplexität der Anforderungen leicht nachvollziehbare Organisation des räumlichen Programms sowie eine präzise Durchformung der Details. Was hier so beeindruckend architektonische Gestalt annimmt, ist eine Vision von Architektur als gesellschaftlichem Entwurf, ist der Ausdruck einer Verantwortlichkeit in Bezug auf ein Gemeinwesen, ist Moderne auf der Höhe der Zeit mit all ihren formalen und ethischen Ansprüchen. wt

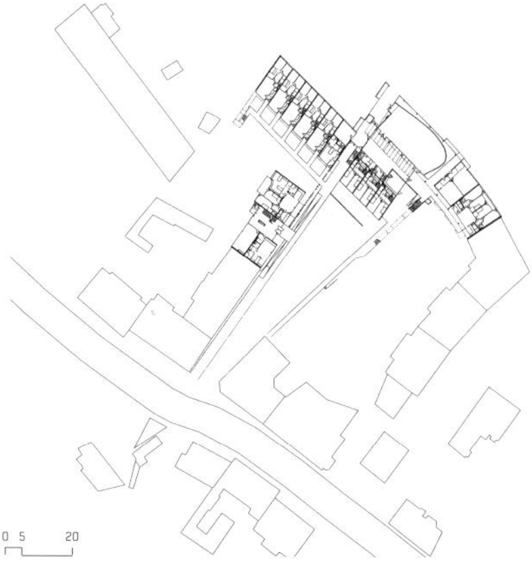

PFARRZENTRUM SALVATOR

Team A Graz (1981)

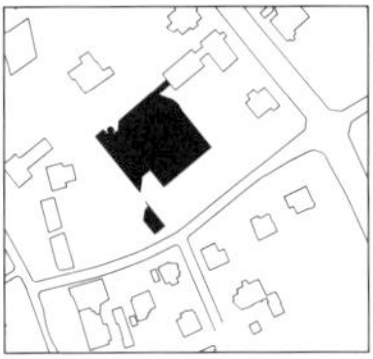

Dem Vorbild einer Klosteranlage inmitten eines dicht verbauten urbanen Gebietes folgend erscheint das Pfarrzentrum als festgefügter Baukomplex, der weniger durch Höhe als durch Differenziertheit hervorsticht. Er zeigt die Spuren zweier Bauphasen: den späteren Kirchenbau in Mauerwerk mit Holzdachtragwerk (1981) und den früheren Pfarrsaal mit Jugendräumen in Sichtbeton (1969). In winkelförmiger Anordnung bilden die beiden Bauteile einen Kirchhof, der die Gemeinschaftsbildung wie bei einem Dorfplatz fördern soll. Geglückte Maßstäblichkeit verbindet die unterschiedlichen Formelemente. Eine Glasrosette richtet den quadratischen Gottesdienstraum auf den Altar aus, wobei zwei Schichten den von oben belichteten Sakralraum erweitern: ein Kreuzgang als Erschließungszone, Begegnungs- und Ausstellungsraum sowie Raumgruppen kirchlicher und sozialer Bestimmung (Pfarrhaus, Seniorenhaus, Tauf- und Werktagskapelle). eg

E 08 → Grabenstraße 75

MARLANDHAUS

Manfred Partl (2007)

Der markante fünfgeschossige Bau an der verkehrsreichen Kreuzung von Grabenstraße und Hochsteingasse ist bautypologisch ein Hybrid. Über dem Tiefgaragengeschoss liegen im EG ein Versicherungsbüro und Gewerbeflächen. In den darüber liegenden Geschossen sind ausschließlich Büros untergebracht. Abgeschlossen wird das Ganze von einem großzügigen Penthouse mit Aussicht auf die Stadt. Wie ein Schild schirmt der Baukörper Büro- und Wohnflächen zur viel befahrenen Grabenstraße hin ab. Die unteren Büroflächen weiten sich zur Rückseite hin in U-förmige Anbauten aus, welche dort einen introvertierten Patio dreiseitig umschließen. Die stromlinienförmige Gestalt des Baukörpers stellt Assoziationen zum fließenden Verkehr dar. frw

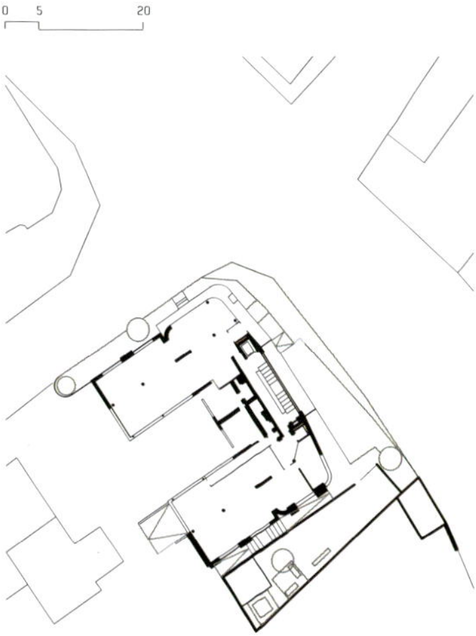

E 09 → Kirchengasse 5

BG/BRG KIRCHENGASSE

Andreas Fellerer – Jiri Vendl (1996)

Der winkelförmige Schulbau reagiert städtebaulich wie gestalterisch präzise auf die Probleme des vorgefundenen Ortes. So erhielt der einhüftige, viergeschossige Klassentrakt zur verkehrsreichen Bergmanngasse hin lediglich Flure und Nebenräume vorgelagert. Daher präsentiert er sich dort als zweischichtig gestaltete, weitgehend geschlossene Lärmschutzwand, deren Mittelteil freilich als „Vitrine" mit Ein- und Ausblicksmöglichkeiten versehen ist. Sehr viel luftiger und offener sieht hingegen der hinter alledem verborgene, niedrigere Gebäudewinkel des Verwaltungstraktes aus, welcher sich als verglaster Baukörper mit Eingangshalle zum geschützten Pausenhof hin orientiert. Als einziger skulptural ausgeformter Baukörper ist die Turnhalle additiv an diesen Bauteil angedockt, um funktional auf Sondernutzungen hinzuweisen. frw

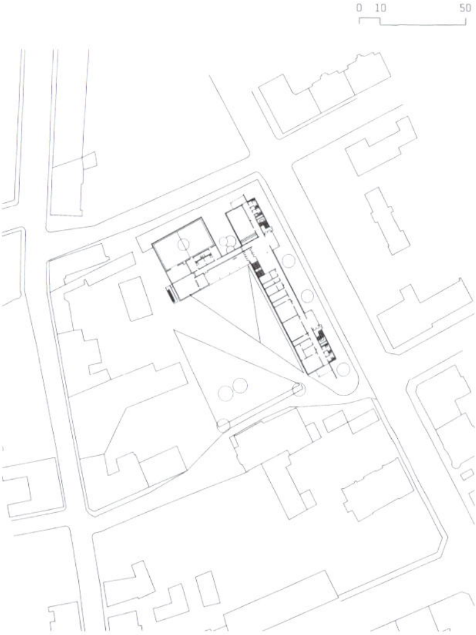

WOHNBAU GRABENSCHLÖSSL

Bernhard Hafner (1989)

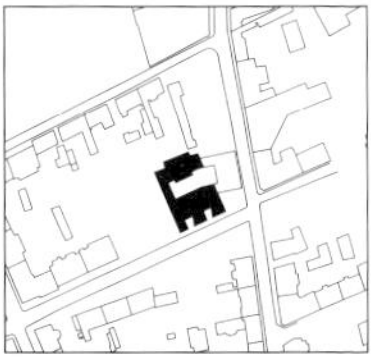

Der Gartenbereich des in den achtziger Jahren renovierten Grabenschlößls, das an einer stark befahrenen Straße gelegen ist, wurde für eine betont urbane Verbauung herangezogen. Der Altbau bietet den Schallschutz gegenüber der Hauptstraße, während sich der Wohnbau in die Tiefe mit seiner Südfassade an einer verkehrsberuhigten Wohnstraße entwickelt. Um einen rechteckigen Hof gruppiert sich U-förmig die Baumasse von drei bis fünf Geschossen, wobei große Glasflächen, größtenteils als Wintergärten ausgebildet, die Raumausleuchtung bieten. Charakteristisch sind drei aufragende Turmbauten, die optisch das Straßenbild bestimmen und in ihrer formal kontrastreichen Fassadenausbildung in Ziegel- und Blechverkleidung die Aufmerksamkeit auf sich ziehen. Schlicht dagegen ist der teils glasüberdeckte Innenhof gestaltet, von dem sich die Treppen in die verschiedenen Wohngeschosse hinaufziehen. Die Vielfältigkeit der Wohnungstypen nutzt durch vor- und zurückspringende Teile das rhythmische Sonnen- und Schattenspiel im Tagesablauf und erscheint so für den aufmerksamen Betrachter als „architektonische Sonnenuhr". eg

BÜRO- UND WOHNHAUS CORTOLEZIS

Werkgruppe Graz (1976)

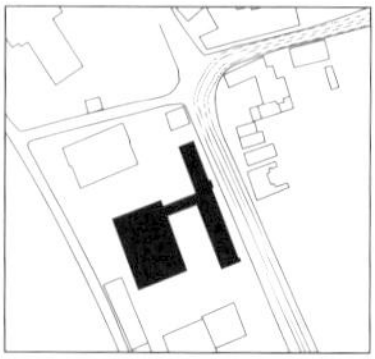

Encounter C1 nannte der Bauherr programmatisch das Projekt, das städtisches Wohnen, Geschäftsfunktionen und Gemeinschaftseinrichtungen kultureller Art verbinden sollte. Es wurde zu beiden Seiten des ostseitigen Mühlganges an der Mur errichtet, der zu dieser Zeit noch aufrecht war. Ein linearer fünfgeschossiger Baukörper an der Körösistraße zeigt in seinem Erscheinungsbild die Hervorhebung einer zweigeschossigen Geschäftszone gegenüber den Wohngeschossen, während ein ebenso fünfgeschossiges Terrassenhaus in abgestufter Form sich zum Murkai öffnet. Im Erdgeschoss dieses Bauteiles wurde eine Tiefgarage eingerichtet. Beide Bauteile werden von einer, den Mühlgang überbrückenden, zweiläufigen Doppeltreppe verbunden, von der auch die Gemeinschaftsfunktionen und die Dachterrassen zugänglich sind. Die Gestik des Baukörpers in Sichtbeton, dem eine Scheibenkonstruktion zu Grunde liegt, akzentuiert in ihrer Plastizität die Auseinandersetzung mit der spezifischen örtlichen Situation. Eine vorgesehene Überbauung des Mühlganges für kommunikative und kulturelle Aktivitäten ist nicht zur Ausführung gelangt. eg

DOPPELTURNHALLE, BRG KEPLERSTRASSE

Volker Giencke (1992)

Die mit ihrer Sohle zehn Meter unter dem Schulhofniveau liegenden Hallen (anfänglich hatte man nur eine geplant) sollten ursprünglich oberirdisch Raum schaffen für einen großzügig gestalteten „Cour d'Honneur" und eine markante Verbindung zum Schulaltbau. Ausgeführt wurden jedoch allein zwei doppelgeschossig hohe Hallen. Breite, von oben her begehbare Glasschlitze neben den seitlichen Auflagern der filigranen Deckenkonstruktionen und zwei ovale „Lichtkanonen" über der zentralen Wechsel- und Erschließungsebene zwischen den Hallen bewirken, dass sich nirgendwo einengende Raumeindrücke einstellen. Nahezu einziger oberirdischer Verweis auf den lichtdurchfluteten Untergrund ist ein externer Ab- und Aufgang. Dieser wurde mit einer skulpturalen Kombination aus Betonwand und einem gefalteten bzw. gebogenen Stahlbaldachin konzipiert. frw

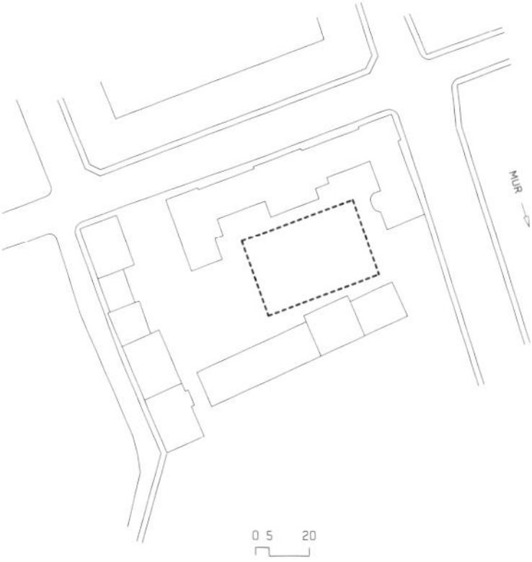

F

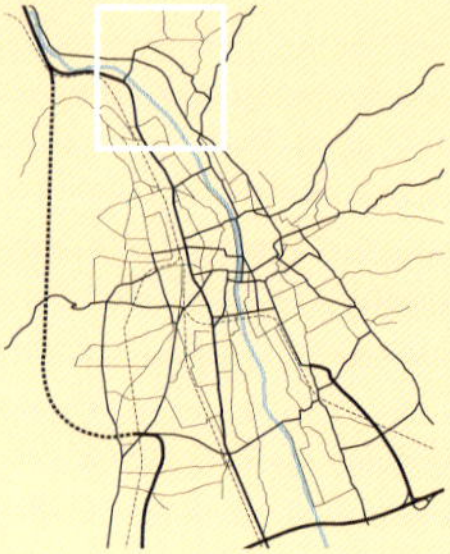

F 01 WOHNANLAGE ARLAND
Am Arlandgrund 1 ff / Weinzöttlstraße 1 ff

F 02 HAUPTPLATZ ANDRITZ
Hauptplatz Andritz

F 03 WOHNANLAGE ANDRITZER REICHSSTRASSE
Andritzer Reichsstraße 58, 58 a-d, 62, 62 a-e

F 04 WOHNANLAGE ZIEGELSTRASSE
Ziegelstraße 3, 3 a-e

F 05 WOHNSIEDLUNG ALPHAWOLF
Ziegelstraße/Inge-Morath-Straße

F 06 WOHNANLAGE NORDBERGGASSE
Nordberggasse 7-71, 73-91

F 07 WOHNIRRITATIONEN
St.-Veiter-Straße 20 a, 20 b

F 08 FERNMELDEBAUAMT
Exerzierplatzstraße 34

F 09 WOHNBAU ROTER BARON
Göstinger Straße 220, 222, 222 a

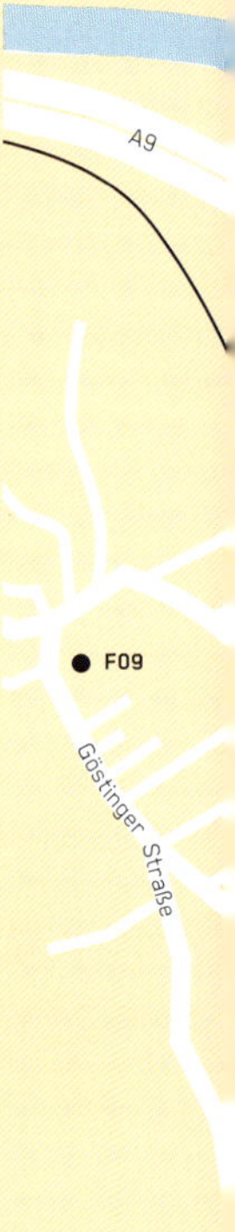

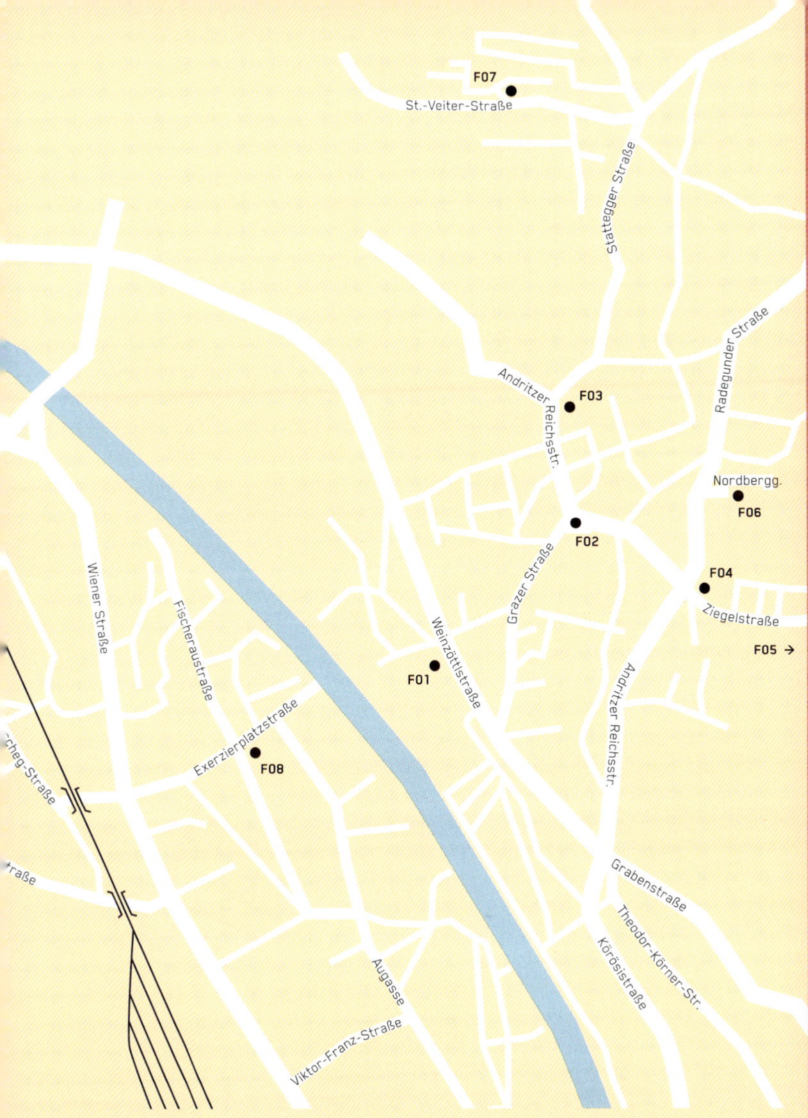

F07
St.-Veiter-Straße
Stattegger Straße
Radegunder Straße
Andritzer Reichsstr.
F03
Nordbergg.
F06
F02
Grazer Straße
F04
Ziegelstraße
F05 →
Weinzöttlstraße
F01
Wiener Straße
Fischeraustraße
Exerzierplatzstraße
F08
Andritzer Reichsstr.
-cheg-Straße
-traße
Grabenstraße
Theodor-Körner-Str.
Körösistraße
Augasse
Viktor-Franz-Straße

F 01 → Am Arlandgrund 1ff / Weinzöttlstraße 1ff

WOHNANLAGE ARLAND

Schmölzer, Deutschmann, Kreutzer & Krisper, Nussmüller, Seebacher (1999)

Bei der Wohnanlage Arland handelt es sich um die Wiederbelebung einer Industriebrache als Siedlung, die fast Stadtteilgröße hat. Wichtig war deshalb die Erstellung eines städtebaulichen Konzepts, welches garantierte, dass aus der Vorgabe absoluter Kostengünstigkeit keine schematische Bebauung resultiert. Adolf Schmölzers aus einem Wettbewerb hervorgegangenes Konzept schuf einen einsichtigen Raster, der topographische Gegebenheiten – wie die Lage des Areals an der Mur – berücksichtigte und gerade in seiner Einfachheit der Anordnung der diversen Wohnbauten überzeugt. Hinter einem I-förmigen Komplex, der das Areal gleichsam schützt, schaffen durchwegs vier- und fünfgeschossige Gebäudezeilen lang gestreckte Räume, die wiederum in sich gegliedert sind. Die architektonische Ausformung der einzelnen Wohnbauten zeigt deutlich die unterschiedlichen Handschriften der beteiligten Architekten. wt

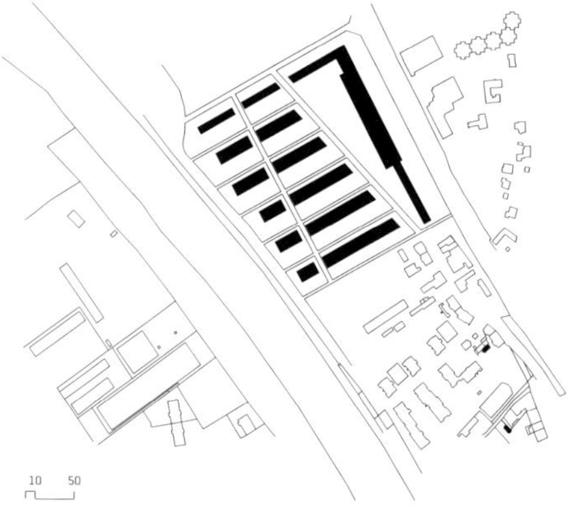

Cafe
BELLAMI
BIPA
Cafe
BELLAMI

HAUPTPLATZ ANDRITZ

Herwig Illmaier, ko a la (2002)

Erst die architektonische Gestaltung macht aus diesem indifferent bebauten Ort und Haltestellenbereich an der Schnittstelle zwischen Stadt und Land einen Platz. Diese Transformation zeigt sich vor allem in den Neubauten, dem zentralen Terminal innerhalb der Umkehrschleife der Straßenbahn sowie den Markt- und Geschäftsständen an der tangierenden Andritzer Reichsstraße. Die Baukörper sind einheitlich gestaltete leichte, schlanke Stahlkonstruktionen. Ihre Farbigkeit, blau und orangerot, gibt dem Ort eine spezielle Identität. Umlaufende, expressiv ausgebuchtete Rankgerüste fassen den Platz. Den reizvollen Blick am trichterförmigen Platzausgang nach Süden auf schnurgerade verlaufende Schienen verstärkt Illmaier durch ein bepflanztes Tor, welches die Straßenbahnen Richtung Stadt passieren. Interessant ist der eigene Uhrturm für Andritz – eine ebenfalls bepflanzte leichte Metall-Struktur als neues Wahrzeichen an der Durchzugsstraße. Das Grünraumkonzept der Gruppe ko a la sieht als wesentliches Gestaltungsmerkmal die „Hängenden Gärten von Andritz" vor: Rund vier Meter hohe begrünte Rankengewächse vermögen die bislang amorphen Einzelflächen zu einer Einheit zu fassen. mw

F 03 → Andritzer Reichsstraße 58, 58a-d, 62, 62a-e

WOHNANLAGE ANDRITZER REICHSSTRASSE

Bernhard Hafner (1993)

Hafners jahrzehntelange Auseinandersetzung mit (vertikalen) Stadtsystemen als Megastrukturen ist auch in der Andritzer Anlage spürbar. Er plante den Komplex signifikanterweise als „eigenständigen Ortsteil". Den beiden parallelen Baukörpern der annähernd U-förmigen Bebauung sind südseitig Kuben mit ausgebauten hohen Pultdachkörpern vorgelagert. Diese weitgehend verglasten Penthouse-Türme bilden das Kennzeichen des Karrees. Zur Durchzugsstraße Andritzer Reichsstraße bildet die Anlage L-förmig einen Platz aus. Im Erdgeschoss der Lärm abschirmenden Zeile zur Straße liegen Geschäfte. Die Wegführung spielt eine zentrale Rolle: Eine diagonale Passage von der Andritzer Reichsstraße über den Platz bis zur Parkfläche an der Nordseite durchdringt dreifach den Baukörper. Ein komplexes System von Laubengängen und Treppenanlagen bietet unterschiedlichste Wegmöglichkeiten. Bestechend ist die Vielfalt an Wohnungstypen, ausgefeilt die Art, Südlicht hereinzuholen, unter anderem über Sheds auf dem Dach. In Material- und Farbwahl zielt der Architekt auf eine Erweiterung des herkömmlichen Spektrums im starren System des geförderten Wohnungsbaus ab. mw

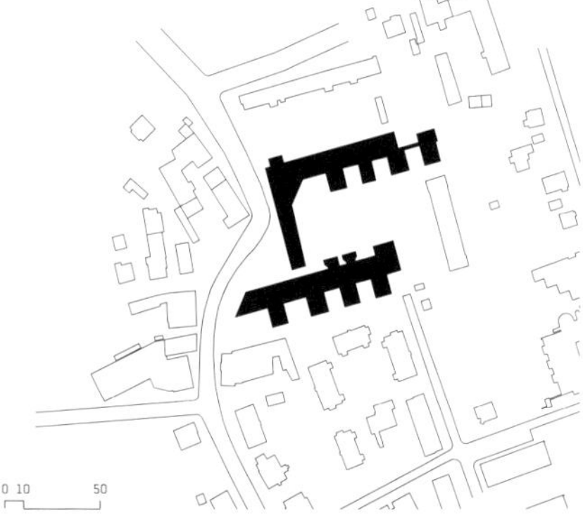

F 04 → Ziegelstraße 3, 3a-e

WOHNANLAGE ZIEGELSTRASSE

Adolph-Herbert Kelz, Hubert Soran (1995)

Ein Ensemble von vier Baukörpern definiert in vorstädtischer Randlage einen hofähnlichen, aber gleichzeitig offenen urbanen Raum. Dies wurde durch eine differenzierte Gruppierung und Höhenstaffelung der Baukörper, offene Ecken mit Brückenverbindungen, offene Stiegenhäuser und Erdgeschosspassagen als Durchbrüche erreicht. Den zweiseitig orientierten Wohnungen ist an der Nord- bzw. Ostseite durchgehend eine schmale Raumschicht mit sämtlichen Versorgungs- und Nassbereichen „vorgelegt", der übrige Wohnbereich bleibt so frei von Determinierungen. Die Baukörper scheinen zu schweben, die Fassaden sind nach außen gekippt, Materialien und Farben, Sichtbeton, changierende „greige" Faserzementplatten, weichen vom Wohnbaualltag ab. Diese Maßnahmen zeugen davon, welche Bedeutung auch im Wohnbau einem spannungsreichen Architektur- und Raumerlebnis zukommt. Die ungewöhnliche gestalterische Sorgfalt ist bis in Detailbereiche wie Garagenabfahrten, Fahrradständer und Müllhäuser durchgehalten. mw

WOHNSIEDLUNG ALPHAWOLF

Pentaplan (2010)

Das zwischen dem Waldrand des Rosenberges und dem Stufenbach gelegene Hanggrundstück auf ehemaligen Abbaugebieten des Ziegelwerks Wolf wurde in fünf Bauetappen vom Industriestandort zum hochwertigen Siedlungsgebiet umstrukturiert. Die Bebauung aus vielfältigen Wohnungstypen – abgetreppte Zeilen von Maisonettewohnungen, Terrassenhäuser, Atriumhäuser und Gartenhäuser – folgt der Topographie des Hanges und nimmt darauf Bedacht, allen Wohneinheiten Aussicht in die Umgebung, trotz Nordlage gute Besonnung und viel privaten Freiraum zur Verfügung zu stellen. Die erprobten, traditionellen Gebäudetypen, die eine gefragte Alternative zum frei stehenden individuellen Einfamilienhaus anbieten, wurden mit Hausverstand und Sinn für die Bedürfnisse der Nutzer in ein attraktives Siedlungsgefüge gebracht. fl

F 06 → Nordberggasse 7-71, 73-91

WOHNANLAGE NORDBERGGASSE

Hierzegger, Koželj, Lainer, Luscher, Szyszkowitz + Kowalski, Team A Graz, Wiesenhofer, Zernig (1999)

Das Unternehmen „Wohnanlage Nordberggasse" begann 1988 mit dem Anspruch und dem politischen Rückhalt eines ambitionierten Vorzeigeprojekts. Veränderte politische Verhältnisse führten im Laufe der neunziger Jahre aber zu Verzögerungen und schließlich zur Einbuße des Kopfteils der Anlage an der als Ausfallstraße dienenden Radegunder Straße, wo ein Supermarkt errichtet wurde. Städtebaulich zählt das Projekt, das zudem mit der Schwierigkeit der südlich angrenzenden lärmintensiven Schießstätte konfrontiert ist, dennoch zu den gelungenen Wohnanlagen der neunziger Jahre. Hierzegger strukturierte die Gesamtanlage entlang eines gekrümmten Fußweges als „Rückgrat" mit einem mittigen Anger. Die Bebauungsstruktur war mit ihren Hofbildungen typisch für die achtziger Jahre. Im Laufe des Planungsjahrzehnts gliederte sie sich stärker in eigenständige Teile, die Hofanlagen lösten sich in Einzelbaukörper auf. Heute überzeugt das differenzierte Angebot an Freiflächen und Wegführungen mit Intimität und Weite, mit Platzbildung bei gleichzeitiger Offenheit. Die Gestaltung der Freiräume (Szyszkowitz + Kowalski) geht über das im Wohnbau Übliche hinaus. Dies gilt auch für die Vielfalt an Wohnungstypen, deren Spektrum von Atriumreihenhäusern (Wiesenhofer) über ein variantenreiches Mittelgang-Modell (Luscher) bis zu „gläsernen Turmhäusern" mit Raum bildenden Freitreppen als Abschluss der Gesamtanlage (Szyszkowitz + Kowalski) reicht. Insgesamt kann das Wohnquartier als gelungenes Beispiel für eine Zusammenarbeit mehrerer Architektenteams an einer Grundidee gewertet werden. mw

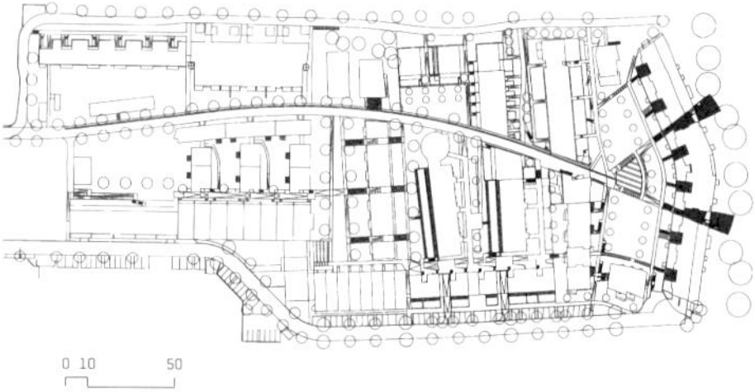

37
35
33

F 07 → St.-Veiter-Straße 20a, 20b

WOHNIRRITATIONEN

Reinhold Weichlbauer/Albert Josef Ortis (1998)

Die Situierung des einstöckigen Bauwerks ist durch das Grundstück direkt an einer Straße vorgegeben: Als schwarzblauer Riegel legt sich der Baukörper vor das kleinteilig bebaute Hinterland und ist als „Sarg" von den Bewohnern bereits ins Herz geschlossen worden. Und es ist ein Objekt in schlichtester Ausführung: keine Schnörkel, kein Zierrat. Die Aufgabe für das Duo Weichlbauer und Ortis war klar: möglichst günstig, aber nicht billig, Wohn- und Büroräume für mehrheitlich flexible Nutzer zu schaffen. wt

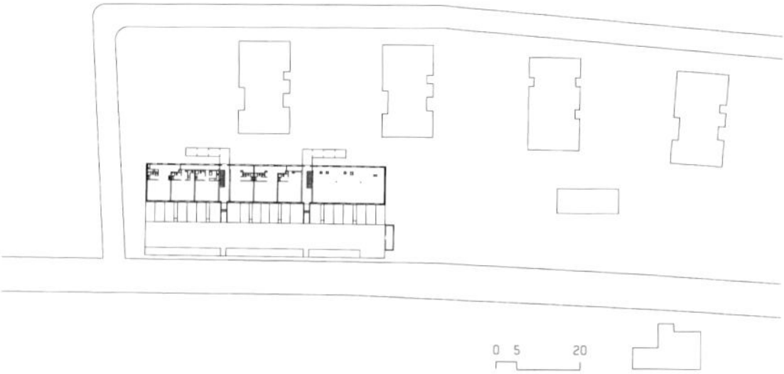

F 08 → Exerzierplatzstraße 34

FERNMELDEBAUAMT

Team A Graz (1990)

Ein „großer" Verwaltungsbau in einem „kleinen" Umfeld: Inmitten von Einfamilienhäusern, Schrebergärten und kleinen Gewerbebetrieben gelang dem Team A Graz das Kunststück, ein Gebäude so zu realisieren, dass es weder über seine Umgebung triumphiert noch den Anspruch eines komplexen Ganzen aufgibt. Mehrere Ämter der Post, ein Schulungszentrum und eine Kantine für 100 Personen haben so in einer gleichermaßen großzügigen wie zurückhaltenden Anlage Platz gefunden. Sie schafft überdies auch einen öffentlichen Raum. Die Erschließung erfolgt einerseits über eine zentrale Eingangshalle, über welche alle Bereiche des durchgehend dreigeschossigen Amtes erreichbar sind, andererseits über Stiegenhäuser an den Ecken und Mittelachsen des Komplexes. Der Bau wurde inzwischen einer Nutzungsänderung unterzogen, die neuen Anforderungen entspricht. wt

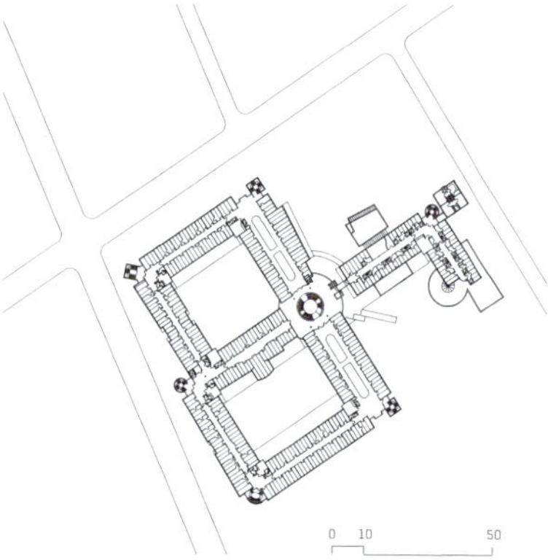

F 09 → Göstinger Straße 220, 222, 222a

WOHNBAU ROTER BARON

INNOCAD (2001)

Dieses Objekt fällt auf den ersten Blick durch seine Farbgebung und die Schlichtheit der Strukturen auf. Bei näherer Betrachtung erst erschließt sich die tatsächliche Qualität der beiden Baukörper mit 23 Wohneinheiten. 13 verschiedene Wohnungstypen, unterschiedlich erweitert durch Loggien, Balkone und Terrassen, versuchen höchst differenzierten Lebensgewohnheiten einen optimalen Rahmen zu schaffen. Das Projekt birgt gewissermaßen jene Umbrüche in sich, die auch im Umfeld sichtbar werden: eine Zone, in der Urbanes und Dörfliches aufeinander treffen. Zwischen Zeugen feudaler (Schloß Gösting) und jenen einer kleinbürgerlich-bäuerlichen Geschichte (Einfamilienhäuser unterschiedlichster Ausprägung) wird hier eine Möglichkeit formuliert, die der Flexibilität einer globalisierten Gesellschaft entgegenkommt, in der nicht Gleichschaltung, sondern Individualität gefragt ist. wt

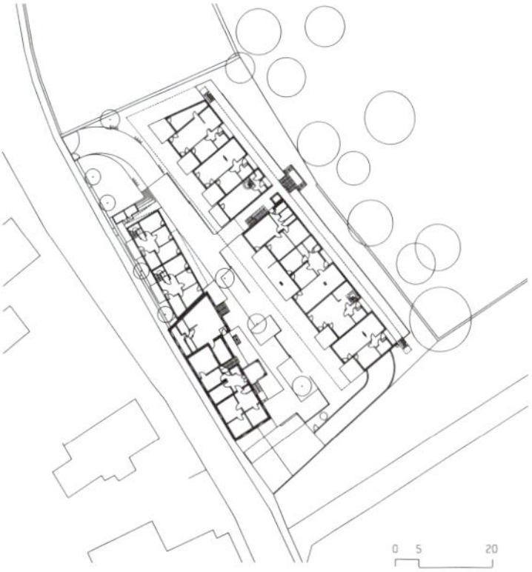

G

G 01 STADTVILLEN IN MARIAGRÜN
Haignitzhofweg 7-13

G 02 SEELSORGEZENTRUM KROISBACH
Am Rehgrund 2

G 03 KERNHAUSSIEDLUNG MARIATROST
Rettenbacher Straße 5, 5a-i

G 04 WOHNANLAGE RETTENBACH
Rettenbacher Straße 3a-f

G 05 DAS TIEFE HAUS
Teichhofweg 7-55, 57

G 06 WOHNANLAGE TANNHOF I UND II
Tannhofweg 8-16; 18-26

G 07 WOHNANLAGE MARIATROST
Kirchbergstraße 4, 4a-h

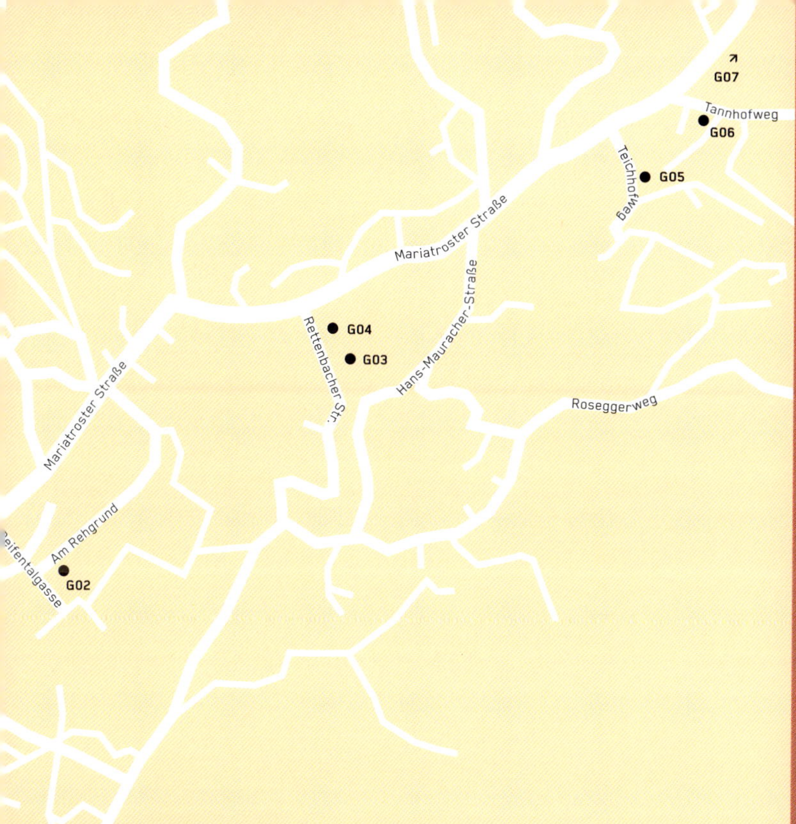
G07
Tannhofweg
G06
Teichhofweg
G05
Mariatroster Straße
Hans-Mauracher-Straße
G04
G03
Rettenbacher Str.
Roseggerweg
Mariatroster Straße
Am Rehgrund
G02
eifentalgasse

G 01 → Haignitzhofweg 7-13

STADTVILLEN IN MARIAGRÜN

Michael Szyszkowitz + Karla Kowalski (1997)

Die Architekten zeigen hier, was man aus 14 genossenschaftlichen Wohnungen machen kann: vier Stadtvillen, angelegt als kleine Siedlung mit einer deutlichen Atmosphäre und erinnerungsfähigen Architekturbildern. Die einzelnen Villen entwickeln sich fast kaskadenartig den Hang hinab. Die vielgestaltigen Wohnungstypen, meist zweigeschossig, mit ausgedehntem persönlichem Freiraum und mit separatem Zugang von außen, haben die Qualität von Einfamilienhäusern. Wie bei dem Wohnbau in der Sandgasse (siehe C11) ist auch hier dem halböffentlichen Außenraum in sozialer und gestalterischer Hinsicht besondere Aufmerksamkeit gewidmet. Ein lang gestreckter, linsenförmiger, mittiger Platz bildet ein gemeinschaftliches Zentrum. Von ihm gehen sämtliche Wohnungszugänge und Treppen aus. Pergolen schaffen pflanzenüberdachte verbindende Bereiche. Details und Ausführung bestechen durch ihre hohe Qualität. mw

13

SEELSORGEZENTRUM KROISBACH

Wolfgang Kapfhammer – Johannes Wegan (1974)

Die plastisch stark strukturierte Kirchenanlage drückt in ihrem Zeltcharakter das „wandernde Volk Gottes" aus, das eine Heimstatt sucht. Ein zentrisch konzipierter Gottesdienstraum wird in axialer Anordnung um einen Pfarrsaal und Clubräume erweitert, die durch eine Hebewand unter der Orgelempore mit dem Hauptraum zusammenschließbar sind. Dadurch werden unterschiedliche Nutzungsvarianten, vom Gottesdienst bis hin zu kulturellen und gesellschaftlichen Veranstaltungen, ermöglicht. Die anspruchsvolle, einem Schiffsrumpf nachempfundene Dachkonstruktion aus Stahlbetonrahmen und gekrümmten Leimholzbindern vermittelt eine rhythmische Bewegung der Raumempfindung, die in dem klar gestalteten Altarraum zur Ruhe kommt. Eine kleine Werktagskapelle wird in das Raumkonzept integriert und erhält einen eigenen Eingang. Eine aufgelöste Kreuz-skulptur und plastisch betonte Portale führen von der Seite in diagonaler Ausrichtung in das Kircheninnere, das die Dynamik der Wegführung zum Ausdruck bringt. In Bezug zur Kirche wurde 1988 im Hofbereich ein Pfarrhaus hinzugefügt, das bereits Teil des Entwurfskonzeptes war. eg

G 03 → Rettenbacher Straße 5, 5a-i

KERNHAUSSIEDLUNG MARIATROST

Gruppe 3 (1984)

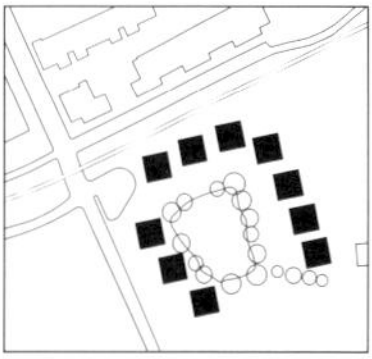

Die aus zehn frei stehenden Häusern um eine natürliche Wasserfläche gruppierte Siedlung stellt den in den achtziger Jahren aktuellen Versuch dar, für die Form des Einfamilienhauses eine kommunikative Wohnmöglichkeit zu finden. Dazu wurde eine Siedlergemeinschaft gegründet, die die Realisierung der Anlage betreute. Um auf dem reizvollen Grundstück mit altem Baumbestand möglichst viel Freifläche zu erhalten, wurde eine kompakte Bauform über quadratischem Grundriss gewählt, die im Inneren jedoch große Ausbaumöglichkeiten bot. Der Begriff „Kernhaus" bezieht sich auf den zentralen Kern eines kreisrunden Warmluftschachtes der Heizung mit umlaufender Treppe, der zugleich konstruktive Aufgaben übernimmt. Die Raumgliederung folgt diesem Stufenweg, womit sich über drei Geschosse unterschiedliche Raumkonfigurationen auf verschiedenen Höhen ergeben. Die äußere Erscheinung der holzverkleideten Häuser spiegelt den Variantenreichtum der Wohnvorstellungen wider. Ein kleines Gemeinschaftshaus ergänzt die Anlage. cg

WOHNANLAGE RETTENBACH

Bernhard Hafner (1989)

Die dem Mariatroster Bach folgende, kleinere Wohnanlage besteht aus zwei parallel angeordneten Blöcken, die eine längs gerichtete Grünfläche mit Wasserbecken umschließen. Von dieser sind über offene, glasüberdeckte Stiegenhäuser die Wohnungen auf drei Etagen erreichbar, wobei an der Südseite im Zufahrtsbereich eine zweigeschossige Ausweitung für Unterstellplätze und Wohnungen mit Dachterrassen erfolgt. Die nach außen durch gekrümmte Dachflächen und schräge Wandabschlüsse sehr kompakt wirkende Anlage entfaltet nach innen große räumliche Vielfalt, die vor allem auf günstige Belichtungs- und Besonnungsverhältnisse durch die wintergartenartige Öffnung der Südfassaden hinzielt. Die Materialwahl der großflächigen Verblechungen und Dachziegel-Verkleidungen verleiht der Anlage ein städtisches Ambiente, das sich als eigenständige Zeichensetzung im vorstädtischen Umraum behauptet. eg

G 05 → Teichhofweg 7-55, 57

DAS TIEFE HAUS

Pentaplan (1999)

Das Team realisierte hier – als Planer und Bauträger – einen typologisch und städtebaulich innovativen Prototyp: hochverdichtete Atriumreihenhäuser, Rücken an Rücken zueinander, mit einer durchgehenden Halle im Kern für zusätzliche Nutzungen – etwa als Geschäftszentrum oder, wie in Mariatrost, als Garage. Das Atrium mit dem Wohnbereich liegt im zweiten Obergeschoss, ist daher hell und gut proportioniert und trägt selbst zur Belichtung der Wohnungen bei. Die Wohnungen verfügen über zwei separate Eingänge – direkt von der Garage und vom Vorgarten. Das „Tiefe Haus" bietet Antworten auf zentrale Anforderungen heutigen Wohnens: Privatsphäre bei gleichzeitiger städtischer Dichte, persönlicher Freiraum als echter Wohnraum, Möglichkeit der Abtrennung einer separat begehbaren (Büro-)Einheit im Erdgeschoss und zusätzliche Nutzungen im „Kern". Auch die formale Bewältigung des 28 Meter tiefen Baukörpers zählt zu den besten Beispielen im Grazer Wohnbau der neunziger Jahre. Pentaplan rekurriert dabei auf den von jungen Grazer Architekten vielfach als anziehend empfundenen „Minimalismus", löst ihn aber von seinem Formalismus und stellt den Benutzer in den Vordergrund. mw

G 06 → Tannhofweg 8-16; 18-26

WOHNANLAGE TANNHOF I UND II

Hubert Rieß (1988; 1990)

Im auslaufenden Mariatrostertal, zu Füßen der Wallfahrtskirche, entwickelt sich die Siedlung zu beiden Seiten des Talbaches und einer Straßenbahnlinie, wobei die Erscheinungsform einen Zeitsprung in der planerischen Auffassung offen legt. Der frühere, östliche Teil zeigt eine größere Weitläufigkeit bei einfachen, satteldachgedeckten Baukörpern, während der spätere, westliche Teil eher einen auf Ganzheit gerichteten „Cluster" darstellt, der kleingliedrig von Fußwegen und Grünflächen durchzogen ist. Die einheitliche Handschrift des Architekten ist in den Höfen erkennbar, um die sich die zwei- bis dreigeschossigen Bauten gliedern, denen eingeschossige Schuppen für Sekundärfunktionen zugeordnet sind. Dem Gesamtentwurf liegt eine Wohnauffassung zu Grunde, die den kommunikativ angelegten Außenräumen ein gleichwertiges Gewicht neben den Wohnungen einräumt. Dieses kommt auch darin zum Ausdruck, dass die Außentreppen zum Erreichen des oberen Wohngeschosses in Verbindung mit den Balkonen und sonstigen Zubauten ein wesentliches formales Gestaltungsmittel im Übergangsbereich von außen nach innen darstellen. Mit einer großen Grünfläche und einem Teich inmitten der Anlage wird jener „dörfliche Charakter" unterstützt, der sich aus der Nähe der Natur am Bauplatz anbietet. Die Autos werden unter Terrain in Tiefgaragen untergebracht. eg

G 07 → Kirchbergstraße 4, 4a-h

WOHNANLAGE MARIATROST

Ernst Giselbrecht (2006)

Die Siedlung am Fuß des Mariatrosterberges vereint in einer privilegierten Lage die Bedürfnisse nach hochwertigem, großzügigem Wohnen mit ökonomisch-ökologisch vorteilhaften Aspekten des verdichteten Siedlungsbaus. Zwei Gebäudezeilen mit jeweils unterschiedlichen Wohnungstypen schmiegen sich in das leicht ansteigende Gelände unterhalb der Basilika. Die im ebeneren, talnahen Gelände gelegene Zeile wurde als zweigeschossiger Riegel mit drei auf das Dach gesetzten Penthäusern ausgebildet. Die parallel dazu angelegte Bebauung am Hang besteht aus vier zweihüftigen Terrassenhäusern mit jeweils sieben Wohnungen. Unmittelbar den Wohnungen zugeordnet sowie zwischen den einzelnen Gebäuden entstanden geräumige Freibereiche, die eine angemessene Distanz zu den Nachbarn und den Erschließungswegen halten und damit als private Räume im Freien gut nutzbar sind. Die klaren Konturen der Baukörper und die weiße Farbgebung erweisen der klassischen Moderne Referenz und verleihen eine elegante Ausstrahlung. fl

H

H 01 EINGANGSZENTRUM, LKH
Riesstraße / Stiftingtalstraße

H 02 OPERATIONSZENTRUM, LKH
Auenbruggerplatz 29

H 03 I. CHIRURGISCHE KLINIK, LKH
Auenbruggerplatz 29

H 04 MEDIZINISCHE KLINIK 1, LKH
Auenbruggerplatz 27

H 05 HÖRSAALZENTRUM, LKH
Auenbruggerplatz 15

H 06 HNO-KLINIK, LKH
Auenbruggerplatz 26

H 07 KINDERKLINIK, LKH
Auenbruggerplatz 30f

H 08 PSYCHIATRISCHE KLINIK, LKH
Auenbruggerplatz 31

H 09 MEDIZINISCHES FORSCHUNGSZENTRUM, LKH
Stiftingtalstraße 24

H 10 TANKSTELLE ELISABETHSTRASSE
Elisabethstraße 78

H 11 PRIVATKLINIK RAGNITZ
Berthold-Linder-Weg 15

H 12 WOHN- UND GESCHÄFTSBAU RAGNITZ
Ragnitzstraße 12-14, 16

H 13 WOHNANLAGE RAGNITZ III
Kohlbachgasse 1-7

H 14 PFARRZENTRUM RAGNITZ
Ragnitzstraße 168

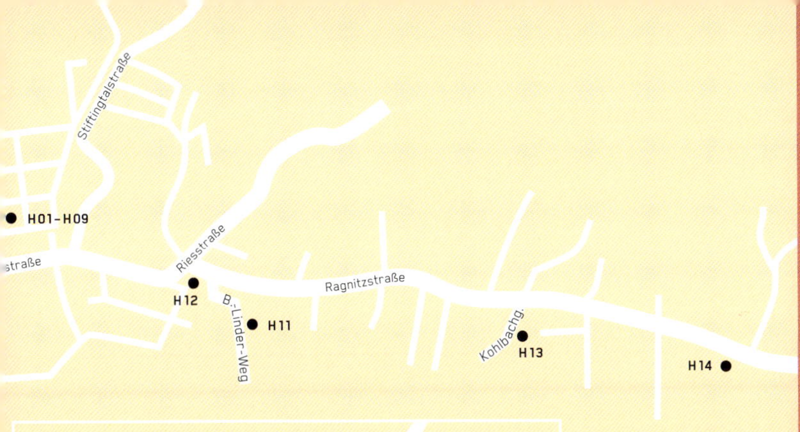
Stiftingtalstraße
H01–H09
straße
Riesstraße
H12
B.-Linder-Weg
H11
Ragnitzstraße
Kohlbachg.
H13
H14

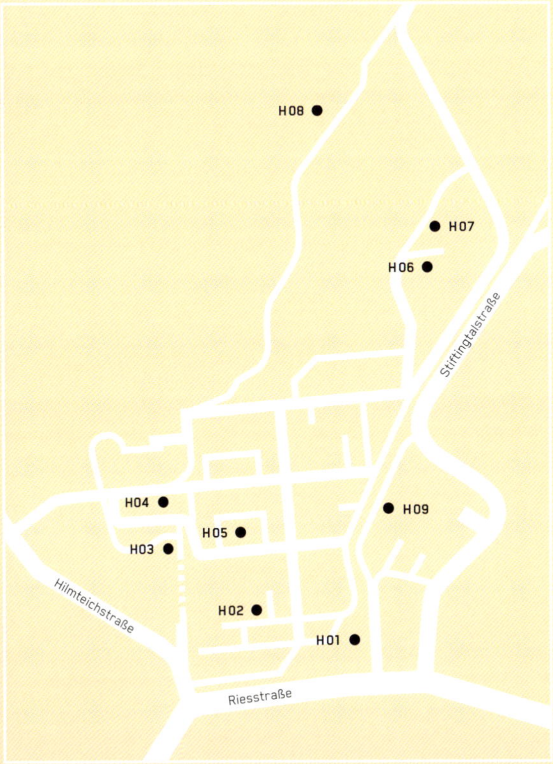
H08
H07
H06
Stiftingtalstraße
H04
H09
H05
H03
Hilmteichstraße
H02
H01
Riesstraße

EINGANGSZENTRUM, LKH

Helmut Croce – Ingo Klug (2003)

Das Zentrum nimmt eine Gelenkfunktion zwischen der Stadt und dem auf erhöhtem Niveau liegenden Landeskrankenhaus ein. Die Architektur reagiert mit einprägsamen Gesten auf die Geländestufe, formt zum Riesplatz die Eingangssituation und leitet die Passantenströme. Der schwebende, zweigeschossige Gebäudetrakt dominiert das Erscheinungsbild. Er markiert die Raumkante zur Riesstraße und gibt die Richtung zur Eingangstreppe vor. Der Baukörper hebt sich von der Geländekante ab und überdeckt die mit einem attraktiven Panoramablick ausgestattete Terrasse des Geschäfts- und Aufenthaltsbereichs. Brücken im Innenbereich betonen den Erlebnischarakter. Der öffentliche Charakter der Anlage wird durch einen dreieckigen Hof zwischen dem Gebäude und dem architektonisch interpretierten Gefälle verstärkt. Zwei turmartige Bauten an der Stiftingtalstraße bilden in der Gesamtansicht den Kontrapunkt zum schwebenden Gebäudetrakt. gd

H 02 → Auenbruggerplatz 29

OPERATIONSZENTRUM, LKH

Irmfried Windbichler (1999)

Während sich die alten LKH-Pavillons zwar für Behandlungsräume und Krankenzimmer eignen, genügen sie den hohen technischen Anforderungen moderner Operationssäle mit ihren Überdruckbedingungen und umfangreichen Hygieneerfordernissen nur sehr bedingt. Aus diesem Grund bot sich die Errichtung eines neuen Zubaus mit aufwändigen technischen Einrichtungen an, dessen Verbindung mit dem Hauptgebäude auf einen brückenartigen Zugang beschränkt ist. Dies und die Tatsache, dass der Neubau auf Grund der erforderlichen sterilen Bedingungen keine Verbindung zur Außenwelt aufweist, gibt dem Ganzen ein etwas unnahbares, festungsähnliches Aussehen. Es handelt sich um ein eilig abgewickeltes Projekt, dessen Lebensdauer aller Wahrscheinlichkeit nach begrenzt ist. Windbichlers architektonische Rhetorik konzentriert sich auf technische Aspekte: auf eine panzerartige Metallverkleidung, auf Verstrebungen, glänzende Entlüftungsrohre und eine vorkragende Diagonale für die Klimaanlage im oberen Teil. Das Gebäude erinnert an eine große, effiziente Maschine, die vielleicht all jenen ein Gefühl der Sicherheit vermitteln kann, die den schwierigen Weg einer Operation gehen müssen. pbj

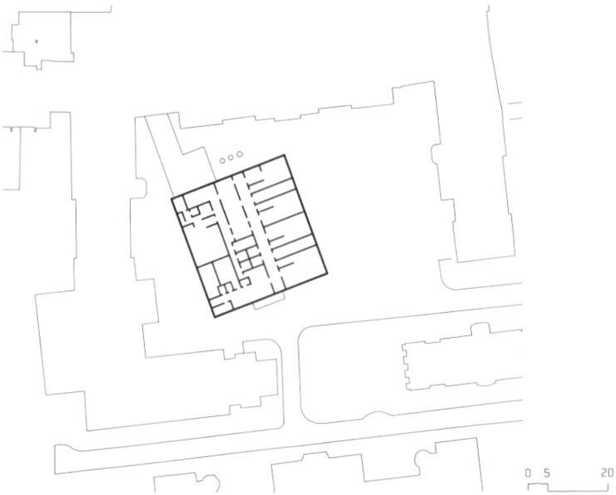

H 03 → Auenbruggerplatz 29

I. CHIRURGISCHE KLINIK, LKH

Werkgruppe Graz (1971); Manfred Zernig (1997)

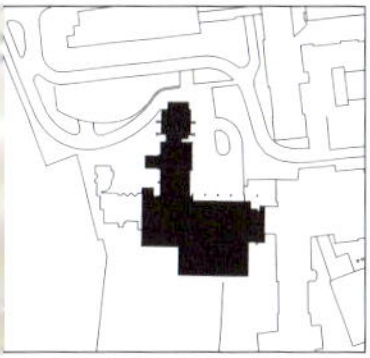

Der zu Beginn des 20. Jahrhunderts erbaute Komplex des Grazer Landeskrankenhauses erfuhr mit dem Neubau der I. Chirurgischen Universitätsklinik eine erste große Erweiterung. Über einem winkelförmigen Grundriss erheben sich zwölf Geschosse, die von einem zentralen Fixpunkt erschlossen werden. eg

Im Rahmen des Renovierungsprozesses „LKH 2000" ergab sich die Erweiterung des bestehenden Gebäudes durch die Errichtung von Versorgungstürmen, in denen die neuen Betriebsräume und Personenverkehrsschächte untergebracht wurden. Manfred Zernig griff in seinem Entwurf den Rhythmus des Hauptgebäudes bei eher flächenhafter Interpretation auf und setzte auf das kontrastierende Vokabular von Metallverkleidung und dunklem Glas. pbj

H 04 → Auenbruggerplatz 27

MEDIZINISCHE KLINIK 1, LKH

Helmut Croce – Ingo Klug (1997)

Die nordwestlich gelegene Erweiterung zu einem der Originalpavillons der der Otto-Wagner-Schule nahe stehenden LKH-Gebäude stand am Beginn einer Reihe von Erweiterungen, die Croce und Klug an dem Komplex vornahmen.
Er steht für die Entwicklung eines puristischen und detaillierten technischen Stils, der sich für Bauten im medizinischen Bereich als außerordentlich geeignet erwiesen und den Architekten weitere Aufträge eingebracht hat.
Der nördlich gelegene Eingang wird durch einen Personenverkehrsschacht aus Glas hervorgehoben, der die Verbindung zum alten Gebäude herstellt und die notwendige formale Abkoppelung gewährleistet. Der neue Flügel ist durch Linearität gekennzeichnet, mit Patientenzimmern im Süden und Personal- und Nutzräumen im Norden. Eine Reihe von neuen Patientenaufenthaltsräumen, die in einem ovalen Turm untergebracht sind, sorgen für Abwechslung im Inneren und für willkommene Akzente von außen. Besondere Betonung legten die Architekten auf die unterschiedliche Gestaltung der nördlichen und der südlichen Fassade, die mit einem Sonnenschutzgitter versehen ist.
Das Erdgeschoss beherbergt eine Dialyseabteilung, während sich vorne an der Südseite im Untergeschoss eine Notfallstation befindet, die ebenfalls von Croce und Klug entworfen wurde. pbj

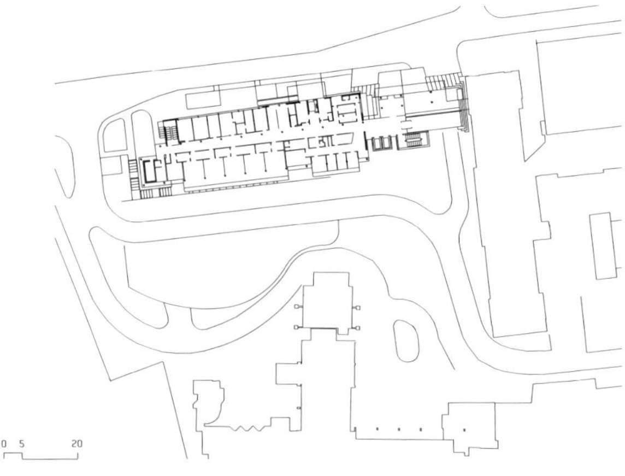

H 05 → Auenbruggerplatz 15

HÖRSAALZENTRUM, LKH

Helmut Croce - Ingo Klug (2001)

Die Erhaltungswürdigkeit des historischen Gesamtensembles hat dazu geführt, das Hörsaalzentrum gänzlich im Hof des U-förmigen Gebäudekomplexes der Medizinischen Klinik unterzubringen. Ein den Hof begrenzendes, gänzlich verglastes Eingangsbauwerk mit Lift und ein über eine Freitreppe erreichbarer Patio erschließen die Anlage. Vom abgesenkten Eingangsbereich erreicht man eine Galerie, die einen Überblick ermöglicht und zum Hörsaalniveau überleitet. Die Anordnung der Räume auf einer Ebene erlaubt den allfälligen Zusammenschluss aller Räume. In der Materialwahl kommt die Kontrastwirkung zwischen Alt und Neu besonders zur Geltung: Dem voluminösen Baukörper des historischen Altbestandes wird ein lichtdurchflutetes unterirdisches Hörsaalzentrum zugeordnet. Bemerkenswert ist das Zusammenspiel von natürlichem und künstlichem Licht – es trägt entscheidend zur angenehmen Atmosphäre bei. gd

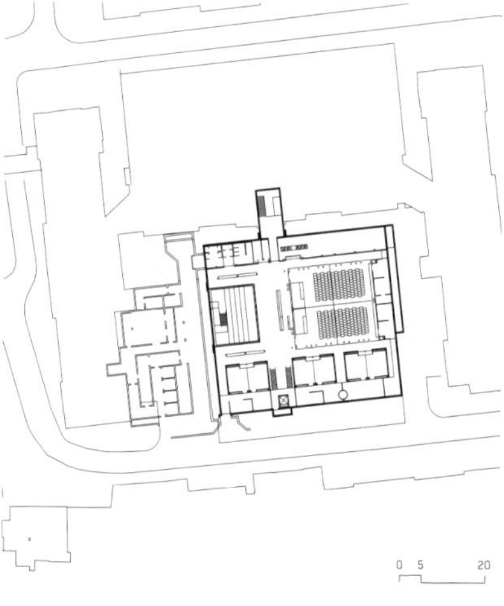

H 06 → Auenbruggerplatz 26

HNO-KLINIK, LKH

Ernst Giselbrecht (2000)

Das der Stiftingtalstraße folgende Jugendstilgebäude ist durch einen parallel gesetzten Baukörper erweitert worden und gibt der Gesamtanlage durch die Eingangslösung eine neue Ausrichtung. In Aufhebung der Symmetrieachse des typologischen Altbestands ist ein transparentes, Alt und Neu verbindendes Eingangsfoyer gestaltet, das zentral liegt. Diese Eingangssituation ermöglicht eine kurze innere Erschließung, gibt aber zugleich Freiraum für ein großzügiges Entree, das im Innenhof mit Skulpturen gegen Nordost ausklingt. Die architektonischen Eingriffe im Altbestand sind marginal und verändern das historische Erscheinungsbild nur unwesentlich. Die neue Ausrichtung wird durch ein weit auskragendes Vordach betont. Die in Leichtbauweise errichteten Untersuchungseinheiten setzen im Innenbereich der Erdgeschosszone einen dynamischen Farbakzent. gd

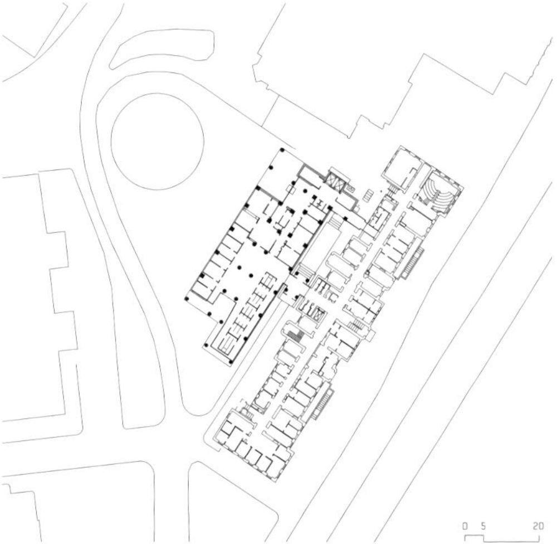

H 07 → Auenbruggerplatz 30f

KINDERKLINIK, LKH

Kapfhammer - Wegan - Koßdorff (1995)

Die Erweiterung der Kinderklinik am nördlichen Teil des LKH-Komplexes soll dem trostlosen, modernistischen Gebäude, dessen Erweiterung er bildet, einen freundlichen Eindruck verleihen. Die Notwendigkeit aufwändiger und schwieriger Krankenbehandlungen macht jedoch den größtmöglichen Schutz vor Infektionen erforderlich. Dies geschieht wie üblich durch umfassende technische Einrichtungen und strenge Kontrollen aller Kontakte mit der Außenwelt, wodurch das Gebäude in gewisser Hinsicht zwangsläufig nach innen gekehrt wirkt. Der bogenförmige Außenflügel gibt in Richtung Norden den Blick auf einen bewaldeten Hang frei. Ein verglaster, s-förmiger Gang stellt eine schwungvolle, fröhliche Verbindung zwischen Alt und Neu her, die sich dem Gedächtnis einprägt. Doch die in der Mitte gelegenen, klimatisierten und mit Kunstlicht erhellten Innenräume erzählen von einer in sich gekehrten, künstlichen Welt. Nur die in grellbunten Farben gehaltene Fassadengestaltung lässt erahnen, dass dieses Gebäude für Kinder gedacht ist. pbj

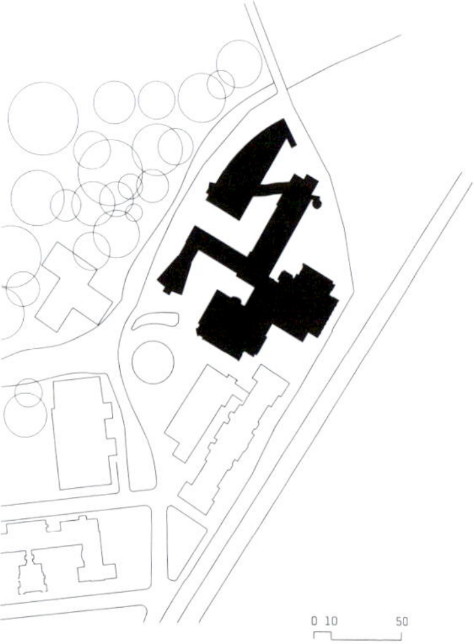

H 08 → Auenbruggerplatz 31

PSYCHIATRISCHE KLINIK, LKH

Team A Graz (2002)

Die ehemalige Lungenheilanstalt, 1910 im so genannten Heimatstil erbaut, wurde für die neue Nutzung umfangreich adaptiert und um einen verglasten Baukörper erweitert. Mit zurückhaltender Gestaltung und Materialwahl ordnet sich der Erweiterungsbau den naturräumlichen Gegebenheiten und dem kulturhistorisch wertvollen Altbau ein, ohne allerdings seine architektonische Eigenständigkeit zu verlieren. Die gesamte Anlage zeichnet sich durch ein dualistisches Erscheinungsbild, das mittels einer transparenten, dreigeschossigen Brückenverbindung den funktionalen Zusammenhang gestaltet, aus. Die konkav gekrümmten Längsseiten des Erweiterungsbaus tragen der funktionalen Forderung nach natürlicher Belichtung der Therapieräume Rechnung und fokussieren die Blickbeziehungen auf Naturraum und Altbau. gd

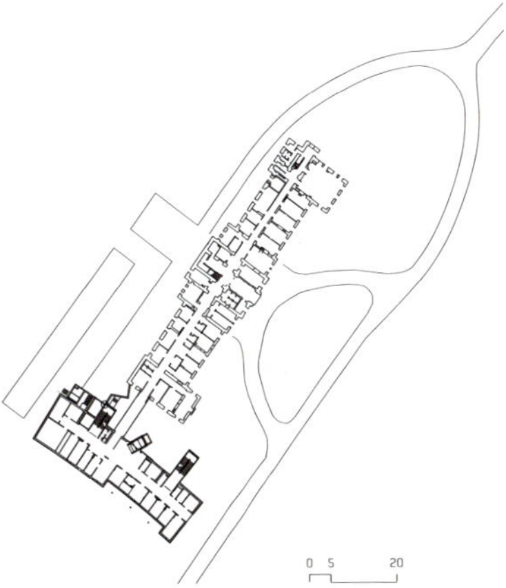

H 09 → Stiftingtalstraße 24

MEDIZINISCHES FORSCHUNGSZENTRUM, LKH

Croce – Klug – Kopper (2004)

Das für universitäre Zwecke genutzte Gebäude befindet sich auf einem Parkhaus abseits des Krankenhausplateaus und ist mit dem Spitalskomplex durch eine Brücke verbunden. Diese quert die an einen Burggraben erinnernde Zufahrtsstraße und mündet in eine Reihe von offenen Terrassen bzw. in den Haupteingang. Eine große Treppe führt nach unten und stellt die Verbindung zum Bodenniveau her. Die Räumlichkeiten sind in zwei linearen Flügeln untergebracht: Eine dreistöckige Bibliothek sowie ein Medienblock befinden sich auf der Seite des Parkhauses, ein zweistöckiger Block mit offen angelegten Büros und Arbeitsräumen nimmt die zum Krankenhaus hin gerichtete Seite ein. Dort findet sich auch ein Abschnitt mit abgeschrägten Wänden und Schrägverglasung, sodass die grabenseitige Mauer sanfter abfällt und Lichthöfe zwischen den einzelnen Blöcken geschaffen werden. pbj

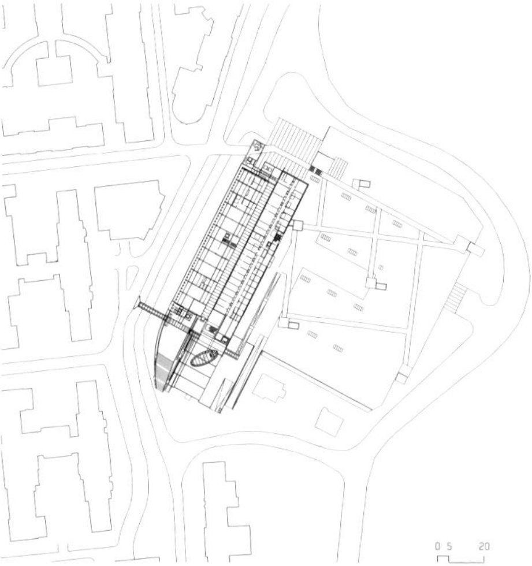

TANKSTELLE ELISABETHSTRASSE

Karl Langer (2000)

Das Objekt nimmt die Linearität der die Elisabethstraße in diesem Bereich bestimmenden Platanenallee auf und knüpft an das auf Abfolge gerichtete architektonische Umfeld an. Das große, in seiner Konstruktionshöhe minimierte und auf schlanken Säulen nahezu schwebende und zum Teil verglaste Flachdach prägt das Erscheinungsbild. Die Kontur der von der Dachkonstruktion abgehängten und transparenten Fassade im Shopbereich ist ideell vom Wenderadius der Autos bestimmt. Das Tragwerk und die Details sind so gelöst, dass die Eigenständigkeit der einzelnen Gebäudeelemente hervorgehoben und dadurch eine Leichtigkeit des Erscheinungsbildes erreicht wird. Lediglich der massive Bau der Waschstraße verankert das Gebäude im Grundstück. gd

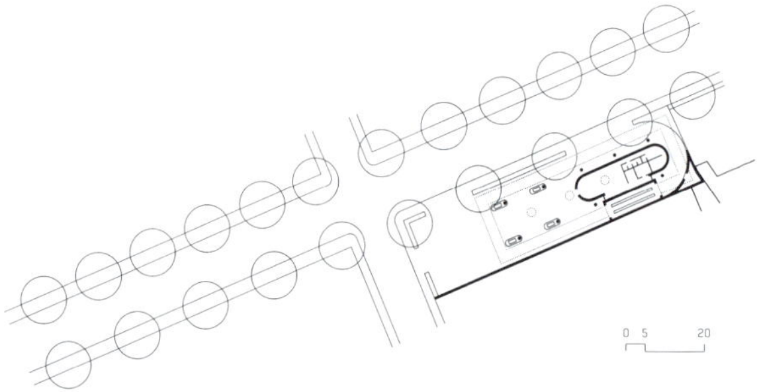

H 11 → Berthold-Linder-Weg 15

PRIVATKLINIK RAGNITZ

Moser Architekten (2000)

Die naturräumlichen Qualitäten des Umfelds bestimmen das Planungskonzept der Klinik. Die Anlage besteht aus dem im Norden situierten Funktionsbereich und dem südlichen, U-förmig ausgebildeten Patientenbereich. Die Erschließungszone verbindet die eindeutig getrennten Funktionsgruppen und bildet eine durchgängige, transparente Mitte. Der Eingang ist in die Tiefe der Anlage eingezogen, um eine rasche Erschließung, die attraktive Blickbeziehungen zu den Grünräumen freigibt, zu ermöglichen. Der soziale Kommunikationswert des Gebäudekomplexes und die Einbeziehung in den Naturraum werden durch die unverbauten Seitenarme des Patiententraktes im Erdgeschoss gesteigert. Der Patio und die Gartenanlage, die an den Gegenhang anschließt, verleihen der Anlage eine angenehme Atmosphäre. gd

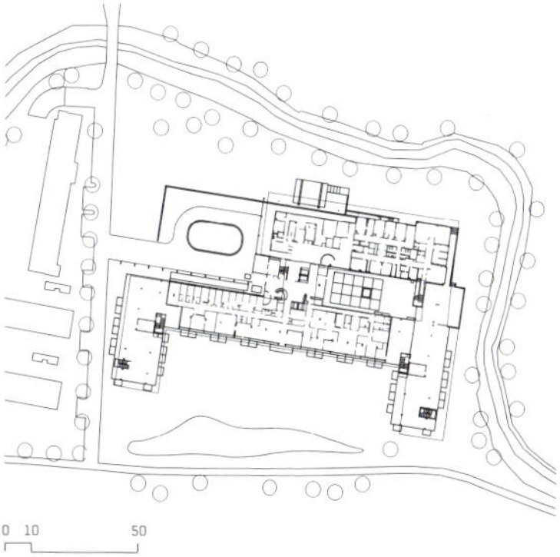

H 12 → Ragnitzstraße 12-14, 16

WOHN- UND GESCHÄFTSBAU RAGNITZ

Hansjörg Tschom (2000)

Das Projekt ist typisch für die neunziger Jahre und erfolgte als Direktauftrag an den Architekten im Gegensatz zu den Wettbewerben des „Modell Steiermark". Es besteht aus einer Mischung von Wohnungen, Büros und Geschäften und zeigt das zeittypische Fassaden-Vokabular: Wellblech, Stahl, Glas und Putz. Das städtebauliche Konzept reagiert auf die exponierte Situation am Eingang zum Ragnitztal. Ein horizontal gelagerter Baukörper nimmt die Kurve der ansteigenden Ragnitzstraße auf. Sein prägnant „zugespitztes" Eck markiert den Taleingang. Der Kopfteil ist zudem in den beiden unteren Geschossen offen. Normal zur Straßenzeile ragt der ebenfalls aufgeständerte Bürobaukörper ins Tal hinein. In der Sockelzone des Straßenbaukörpers, der durch eine Zufahrtsstraße unterbrochenen wird, liegen Supermärkte und Geschäfte, in den beiden aufgestelzten Obergeschossen befinden sich die Wohnungen. mw

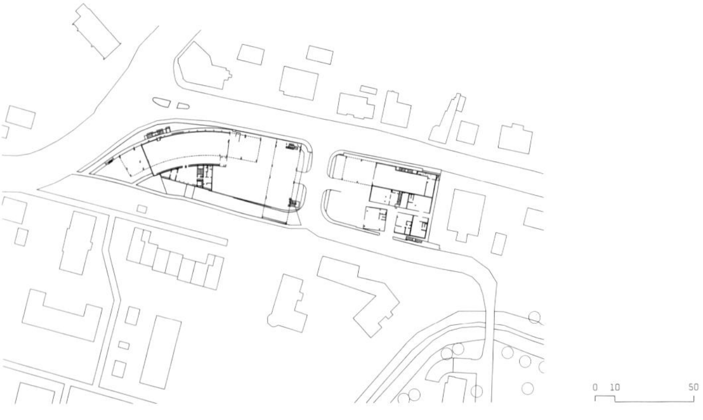

H 13 → Kohlbachgasse 1-7

WOHNANLAGE RAGNITZ III

Eilfried Huth (1991)

In den sechziger Jahren wurden Huth und sein damaliger Partner Günther Domenig mit ihrem futuristischen Megastruktur-Projekt für eine „Stadt Ragnitz" international bekannt. Schon damals war eine Planungsbeteiligung der Bewohner vorgesehen, ein Anliegen, bei dem Eilfried Huth in der Folge in Österreich eine Vorreiterrolle innehatte. Jenen Ansatz umsetzend plante er diese Wohnanlage, die für ihn laut eigener Angabe eine Art Abschluss seines 20 Jahre währenden Engagements für die Mitbestimmung im Wohnbau darstellte. Die Anlage besteht aus südorientierten Hanghäusern; je vier Wohnzeilen sind rechts und links der Erschließung situiert. Die Individualität durch Planungsbeteiligung liegt im Inneren: Die Wohnungszuschnitte sind außergewöhnlich komplex, entwickeln sich beispielsweise als Split-Level-Typen über bis zu vier Niveaus. Die Außenerscheinung ist zurückhaltend und einheitlich. Die Besonderheit liegt in der Erschließung: in den glasüberdachten, blauen Rampengalerien, die ins Obergeschoss führen, sich dort in den Laubengängen fortsetzen und außerdem durch Treppen direkt mit der Tiefgarage verbunden sind. Die Rampengalerien verklammern als dynamische Elemente die hintereinander gestaffelten Zeilen. mw

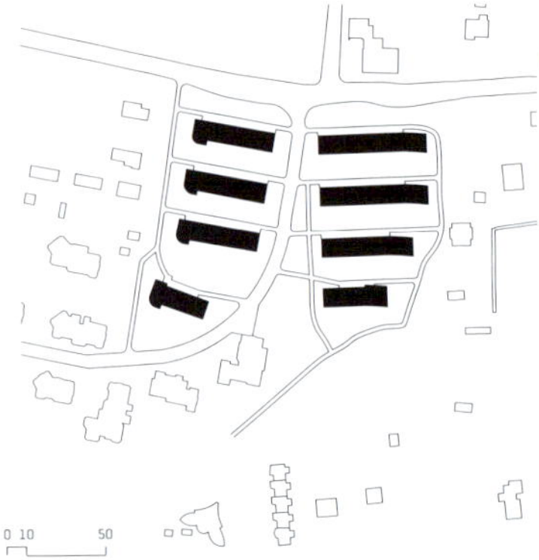

PFARRZENTRUM RAGNITZ

Michael Szyszkowitz + Karla Kowalski (1986)

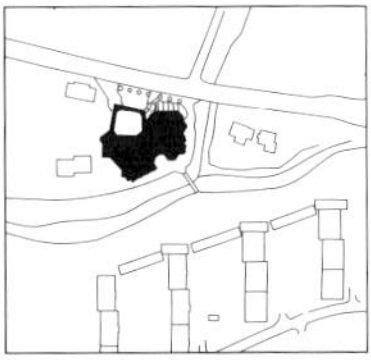

Einen städtebaulichen Ort und zugleich architektonischen Anziehungspunkt bildet diese, in organischen Formen eines aufgeschichteten Hügels entwickelte Anlage, der zunächst ihre strengen Prinzipien eines historisch fundierten Kirchenbaues nicht anzusehen sind. Von einem Atriumhof mit eckbetonendem Glockenturm erschlossen, öffnet sich ein dreischiffiger Sakralraum, der in seiner Kontrapunktik von Schwere und Leichtigkeit überrascht. Über plastisch strukturierte Fußpunkte erhebt sich eine reich verzweigte, farblich betonte Holzbinderkonstruktion, die zur Decke hin mehr und mehr aufgelöst wird. In freier Symmetrie zum Kirchenbau und zum „Haus der Begegnung" sollte u.a. ein im Wettbewerbsentwurf enthaltener, bei der Realisierung zurückgestellter Kindergarten den Komplex abrunden. Nunmehr gelangte durch andere Architekten eine Ergänzung zur Ausführung, bei der die grundlegende Hofform bedauerlicherweise nicht durch eine ausgeprägte Schließung aufgenommen wurde. eg

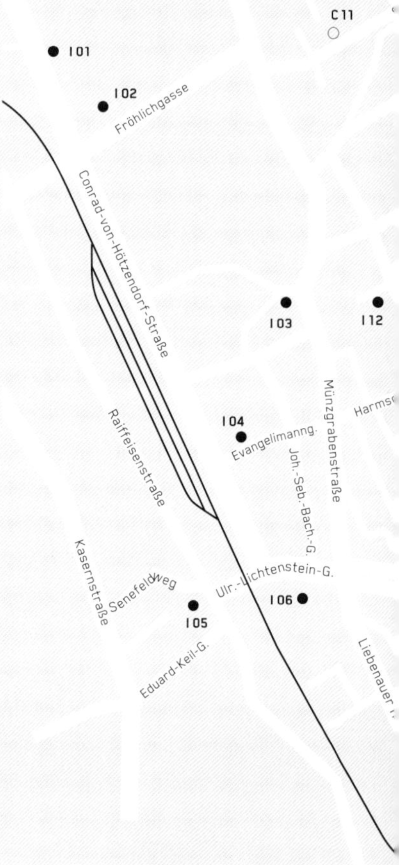

I 01 STADTHALLE
Messeplatz 1

I 02 MESSEHALLE
Messeplatz 1

I 03 WOHNANLAGE FLURGASSE
Flurgasse 1

I 04 BETRIEBSSTÄTTE DER MALERVEREINIGUNG
Evangelimanngasse 5

I 05 PFARRZENTRUM GRAZ-SÜD
Anton-Lippe-Platz 1

I 06 STADION
Stadionplatz 1

I 07 FROG QUEEN
Liebenauer Hauptstraße 82c

I 08 STRABAG-OFFICE
Maggstraße 40

I 09 DRUCKZENTRUM STYRIA
Styriastraße 20

I 10 BÜRO- UND LAGERGEBÄUDE ZULTNER
Schmiedlstraße 7

I 11 ORF-LANDESSTUDIO STEIERMARK
Marburger Straße 20

I 12 WOHNANLAGE NEUFELDWEG
Neufeldweg 44, 44 a-e

I 13 WOHNBAU CARL-SPITZWEG-GASSE
Otto-Loewi-Gasse 18-42

I 14 WIENERBERGERSIEDLUNG
Prof.-Franz-Spath-Ring 3 ff

I 15 TERRASSENHAUSSIEDLUNG
St.-Peter-Hauptstraße 29-35

I 16 WOHNANLAGEN PETERSTALSTRASSE
Peterstalstraße 16, 16 a-c, 16 d-f

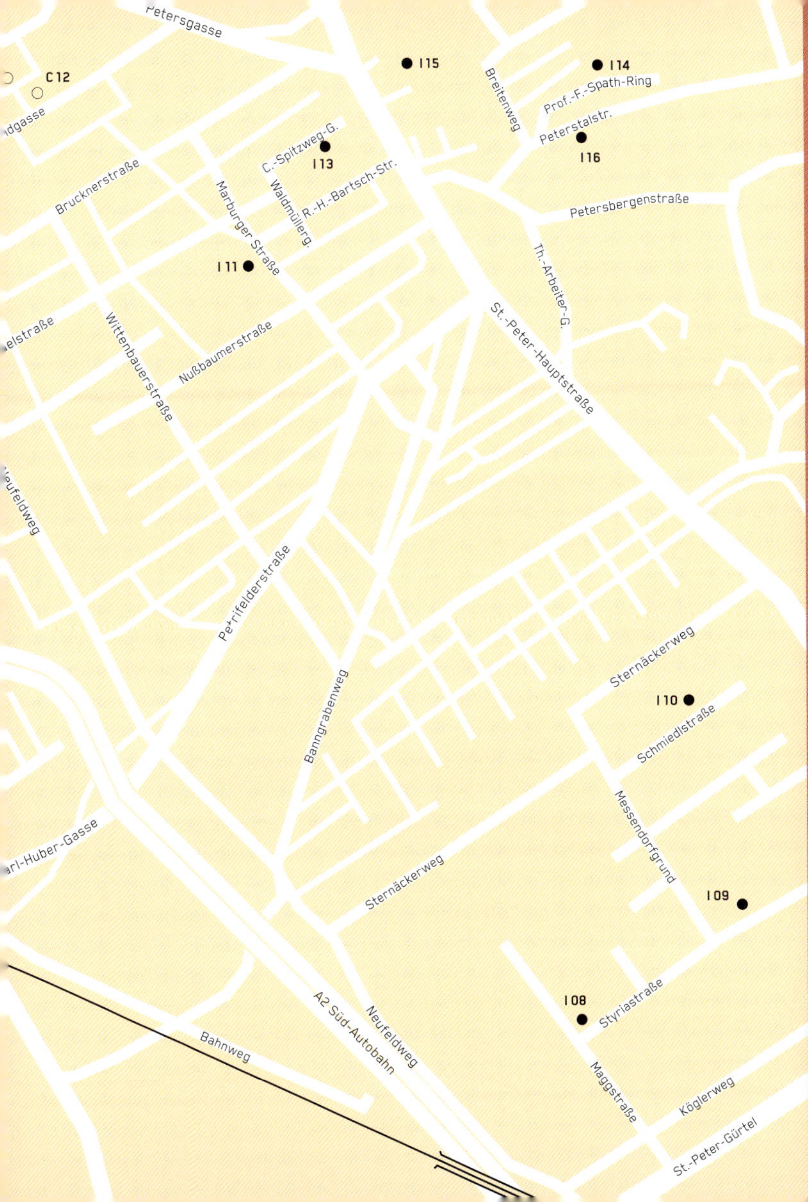
Petersgasse
C12
I15
I14
Breitenweg
Prof.-F.-Spath-Ring
Peterstalstr.
I16
C.-Spitzweg-G.
I13
Brucknerstraße
Marburger Straße
Waldmüllerg.
R.-H.-Bartsch-Str.
Petersbergenstraße
I11
Th.-Arbeiter-G.
St.-Peter-Hauptstraße
Wittenbauerstraße
Nußbaumerstraße
Petrifelderstraße
Banngrabenweg
Sternäckerweg
I10
Schmiedlstraße
Messendorfgrund
Sternäckerweg
I09
I08
Styriastraße
Bahnweg
A2 Süd-Autobahn
Neufeldweg
Maggstraße
Köglerweg
St.-Peter-Gürtel

STADTHALLE

Klaus Kada (2002)

Die neue Stadthalle von Klaus Kada stellt eines der großen Bauvorhaben der Stadt Graz dar. An der südlichen Ausfallstraße der Stadt gelegen, ergänzt sie den Gebäudekomplex, in dem seit langem die Grazer Messe untergebracht ist. Hauptteil der Anlage ist eine riesige Mehrzweckhalle mit straßenseitig vorgelagertem Foyer. Flankiert wird die Halle von einem Kongresszentrum, dessen Plenarsaal hoch oben in das Hauptfoyer hineinragt. Im Nordwesten wird der Komplex durch einen neunstöckigen, verglasten Büroturm vervollständigt, der als unübersehbares Zeichen den überdachten Übergang zur Straße hin abschließt. Als Kadas kühnster Schachzug erwies sich die Idee, die gesamte Halle – die sich in jeder Richtung über 155 Meter erstreckt – auf nur vier Säulen zu errichten. Infolgedessen beansprucht das stählerne Dachrahmentragwerk die Höhe von zwei normalen Stockwerken, seine Struktur wird jedoch von der unterseitigen Verkleidung des Dachüberhangs verdeckt. Das Tragwerk verjüngt sich an der Vorder- und Rückseite und mündet, von den Stützen auskragend, in eine schmale Kante. Der Architekt spielt die Zentralität des quadratischen Gebäudes gegen seine lineare Ost-West-Ausrichtung aus. So lässt er den Bereich unter dem rückwärtigen Ausleger offen, die Tore zum Raum dahinter erstrecken sich über die ganze Höhe. Der eigentliche innovative Aspekt besteht hier in der geschickten Handhabung der Größenverhältnisse sowie im erstaunlich mühelosen Übergang von großen zu kleinen Elementen, wobei das Gebäude trotz seiner enormen Größe niemals erdrückend wirkt. pbj

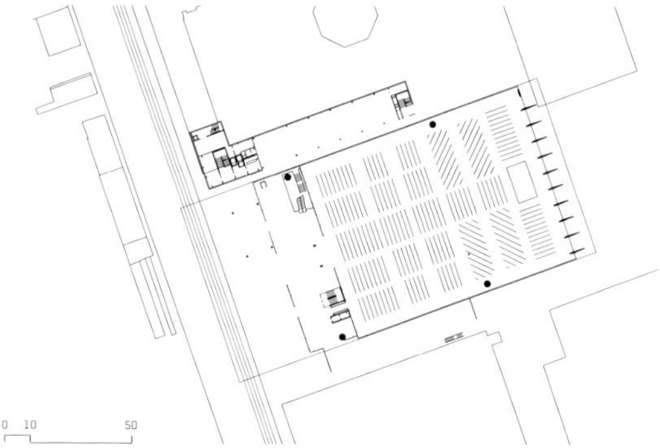

PRESS
CENTER

MESSEHALLE

Florian Riegler - Roger Riewe (2008)

Die neue Halle 1 der Grazer Messe ist mächtig, aber nicht auftrumpfend. Ihr monolithischer Baukörper reagiert mit einer Verdrehung der Gebäudeachse sensibel auf die angrenzende Stadthalle und das weitere Umfeld. Die Außenfassade aus netzartigen Metallelementen nimmt neben der Wirkung als Sonnenschutz unterschiedliche Lichtstimmungen auf, was dem Gebäude eine Art „weicher" Eleganz verleiht.
Zwischen dieser Haut, die nach außen transparent ist und den Blick auf die Stadt erlaubt, und der tragenden Betonfassade befinden sich Fluchtstiegen und Lifte. Das Innere der zweigeschossigen, offenen Halle folgt klar definierten Funktionen. Städtebaulich wird ein großzügiger Freiraum gewonnen, bei dessen Gestaltung die Planer Strukturen aus dem Halleninneren, erneut in der Achse verdreht, als blaue Markierungen aufnehmen.
Ursprünglich nicht vorgesehen war die an der Ostseite erfolgte direkte „Andockung" einer 1939 nach Plänen von Friedrich Zotter errichteten „Volkskundgebungshalle", die als „holzbautechnische Meisterleistung" zu Recht unter Denkmalschutz steht und erst im Zuge der Realisierung der Halle an dieser Stelle als „Marktplatz" positioniert wurde. wt

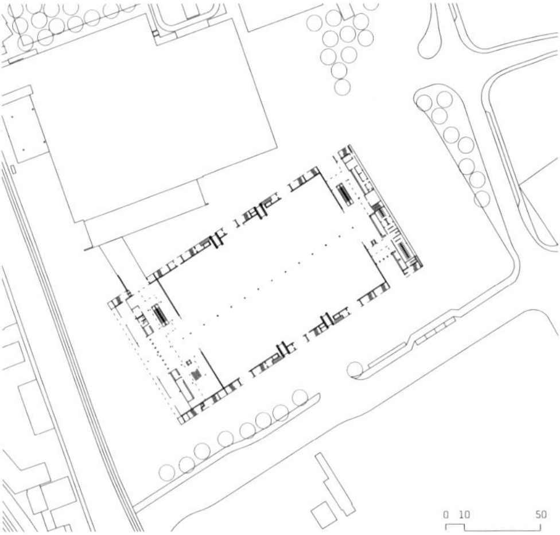

WOHNANLAGE FLURGASSE MIT KINDERGARTEN

Michael Szyszkowitz + Karla Kowalski (2003)

Die Lage auf einem beinahe über die Höhe von zwei Geschossen abfallenden Grundstück in einer Kurve der verkehrsbelasteten Münzgrabenstraße ist als Standort für einen Wohnbau aus Lärmschutz- und Kostengründen problematisch. Der 24 Wohnungen und einen städtischen Kindergarten beherbergende Bau schmiegt sich der Krümmung der Straße folgend in das Gelände. Eine Glaswand sorgt für den Lärmschutz. Im abgeschirmten, begrünten Zwischenraum zum eigentlichen Wohnhaus hin wurde eine Erschließungszone aus überdachten Laubengängen und Brücken aufgespannt, von der aus die Wohnungen individuell zugänglich sind. Der Kindergarten liegt von der Straße abgewandt nach Westen orientiert geschützt in der Biegung des Wohnhauses mit direktem Zugang zum Spielplatz. Es ist nicht der zweifellos notwendig gewesene Pragmatismus, der die Anlage prägt, sondern die Kreativität, mit der trotz schwieriger Bedingungen ein räumlich interessantes und detailreiches Gefüge entstanden ist. fl

BETRIEBSSTÄTTE DER MALERVEREINIGUNG

Bernhard Hafner (1996)

Die Betriebsstätte der Malervereinigung ist signifikant saniert und erweitert worden. Durch funktionale und technologische Reorganisation ist der Produktionsbetrieb um Verkaufsflächen und um einen Besprechungs- und Schulungsraum mit Café vergrößert worden. Das neu gestaltete Glasprisma des Besprechungsraums mit Café bildet einen formalen Kontrapunkt zum Bestand und zum Umfeld. Der Anbau auf der Westseite des Verkaufsbereiches zeigt ein vielschichtiges gestalterisches Zusammenspiel zwischen den Öffnungen in der ehemaligen Außenwand, der Verglasung der neuen Leichtwandfassade und den Oberlichtöffnungen im Flachdach. Ein rotes Trapezblechvordach auf der Ostseite weist zum Eingang. Der technische Inhalt der Anlage kommt anzeichenhaft in der hoch aufragenden, transparenten Siloumhüllung zur Geltung. gd

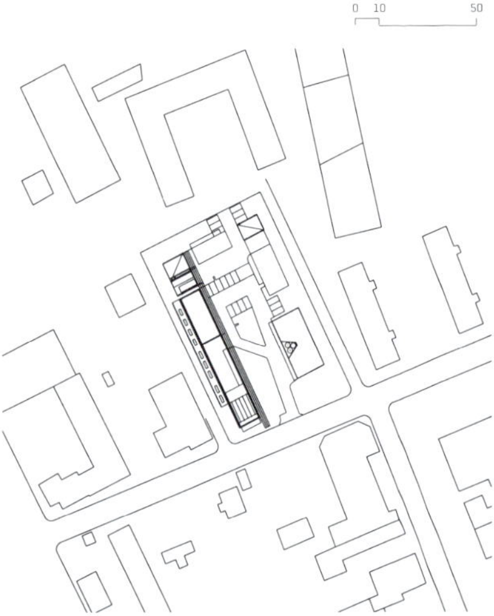

PFARRZENTRUM GRAZ-SÜD

Wolfgang Kapfhammer - Johannes Wegan (1976)

Nichts deutet im monotonen Umraum parallel aufgereihter Hochhäuser und stereotyper Siedlungsbauten auf einen Ort hin, von dem man bei Annäherung an das Gemeindezentrum aufgenommen wird. Das Konzept der Anlage entwickelt sich aus einem freien Platz, der Menschen sammelt und Gemeinschaft erleben lässt. In der Geste umgreifender Hände schließen eine Kirche mit Pfarrsaal, ein Pfarrhaus und ein dreigruppiger Kindergarten den Platz ein, der zum Niederlassen einlädt. Der Kirchenraum, zweiseitig vom Hof erschlossen, bietet in diagonaler Ausrichtung eine Unterteilung für Gottesdienstfeiern oder Feste einer größeren oder kleineren Gemeinde. Hervorstechend ist die über polygonalem Grundriss entwickelte Stahl-Decken-Konstruktion geknickter V-Träger, die eine vorteilhafte Belichtung von oben erlauben. eg

STADION

Team A Graz (1997)

Die Anforderungen, die ein Fußballstadion stellt, verleihen ihm beinahe den Charakter einer temporären Stadt, beläuft sich die Zahl der Zuschauer bei Wettkämpfen doch auf mehr als 15.000, bei speziellen Open-Air-Veranstaltungen sogar auf 25.000. Die ideale Lage derartiger Veranstaltungsorte, die viel Platz und eine gute Verkehrsanbindung erfordern, befindet sich am Stadtrand. Isoliert gelegene Gebäude, die die meiste Zeit über leer stehen, sind die Folge. Um dieses Dilemma zu vermeiden, wurde in Graz-Liebenau eine Art „Sportstadt" geschaffen. An einer Kreuzung der südlichen Ausfallstraße der Stadt gelegen, umfasst sie eine Kunsteisbahn, ein Fitnesscenter, mehrere Klub- und Verwaltungsbüros ebenso wie ein Geschäftszentrum. Steil aufragende Zuschauertribünen umgeben das Spielfeld auf allen Seiten, wobei die visuell wirksame Hängestruktur der Tribünendächer den geschlossenen Charakter hervorbringt. Der Tribünenbereich ist von einer Art innerer Straße umgeben, die eine Dienstleistungsfunktion übernimmt und in dieser Hinsicht an den suburbanen Straßenraum anknüpft. pbj

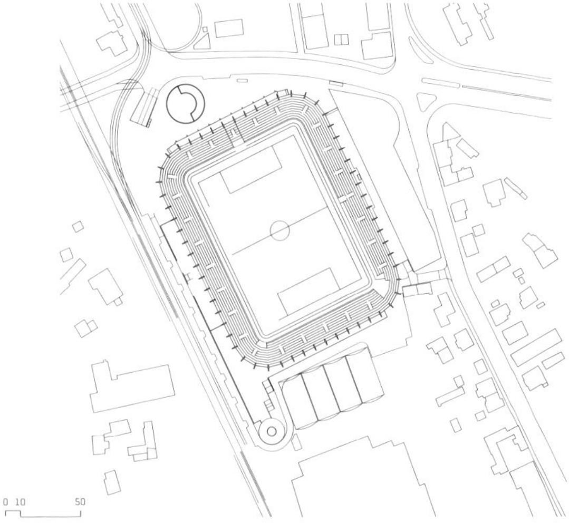

Zauber der Gärten
KASSA
ARNOLD SCHWARZENEGGER STADION GRAZ-LIEBENAU

Raiffeisen
Raiffeisen

FROG QUEEN

SPLITTERWERK (2007)

Hülle und Ornament sind, wie immer bei Splitterwerk, wenn schon nicht alles, so doch sehr viel. „Frog Queen" ist ein Würfel mit einer Fassade aus schwarzen, grauen und weißen Pixel-Quadraten, die sich aus der Nähe ihrerseits als gepixelt entpuppen. Einige Quadrate und Quadratadditionen sind als Fenster ausgeführt. Der Sitz eines Ingenieursbüros, angeordnet um eine Innenhalle samt Prüfhalle für Maschinen- und Motorentechnik, ist so markanter wie witziger Akzent in einem undefinierten Niemandsland zwischen Straße und Bahn.
„Froschkönig", im Stadtteil Straßgang (Krottendorfer Straße 149), eine ebenfalls hinsichtlich des Umfelds – ein alter Park – als Kontrast aufgefasste Planung, setzt auf extreme Farbigkeit. Ein bestehendes Gebäude ohne besondere bauliche Qualitäten wurde zu einer Fortbildungsstätte adaptiert. wt

STRABAG-OFFICE

Manfred Partl (2003)

Der auf einer Erhebung situierte Firmensitz besteht aus zwei parallelen Bürotrakten. Durch eine Versetzung wird die optimale natürliche Belichtung der Büroräume erreicht und die dazwischen liegende transparente Eingangs- und Erschließungszone hervorgehoben. Der Charakter einer durchgängigen öffentlichen Zone wird mittels Bodenbelag und einer über mehrere Geschosse reichenden Verglasung betont. Die Brückenverbindungen der oberen Geschosse steigern die Offenheit und den Kommunikationswert der Halle. Dem südlichen Baukörper ist eine Sonnenschutzkonstruktion vorgelagert, die vom Gebäude losgelöst auf den Vorsprung der oberen Geschosse mit einer eigenständigen Plastizität reagiert. gd

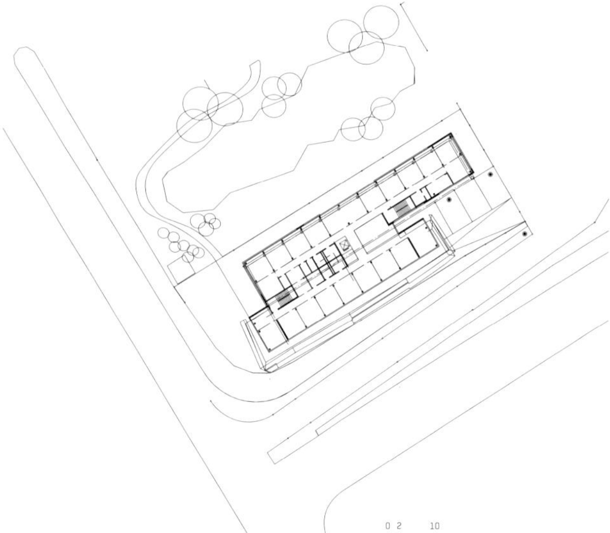

STRABAG

DRUCKZENTRUM STYRIA

Planconsult Austria (1992)

Der Bau eines Druckzentrums hat die Entwicklung des Gewerbeparks Messendorf eingeleitet. Das Planungskonzept bezieht sich auf den Produktionsablauf der Herstellung einer Tageszeitung und sonstiger Journale: Die räumliche Organisation ist einer Produktionsachse von Ost nach West untergeordnet, die auch zukünftige Erweiterungen aufnehmen kann. Mittig weitet sich die ordnende Achse – die Spinale – zu einer galerieartigen Erschließungs- und Kommunikationshalle aus, an die süd- und nordseitig alle ergänzenden produktionstechnischen Bereiche anschließen. Im Erscheinungsbild dominiert die Rotationshalle durch ihre Höhe die Silhouette. Die Dachform entwickelt sich in Form einer rollenden Bewegung höhengestaffelt und symbolisiert den Rotationsvorgang, der in den Flachbaukörper des Expedites ausläuft. Die weiße bzw. grausilberne Farbgebung von Tragwerk und Hülle dient als Hintergrund, vor welchem durch weitere Farben funktionale Bereiche und ergonomische Zusammenhänge betont werden. Für Besucher steht eine gesicherte Besichtigungsgalerie zur Verfügung. Der westseitige Hallenteil wurde später aufgestockt. gd

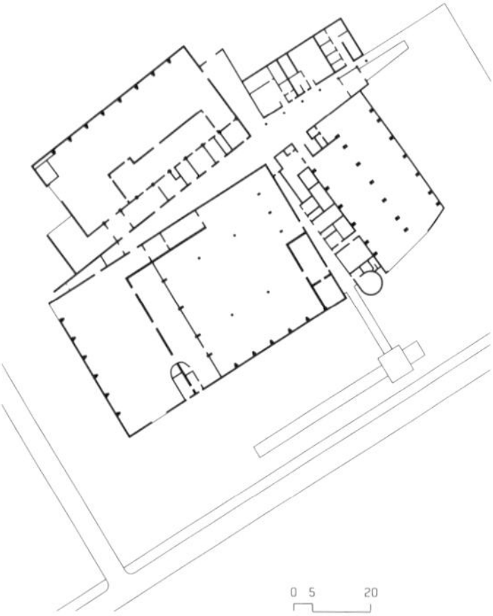

BÜRO- UND LAGERGEBÄUDE ZULTNER

Günther Domenig – Hermann Eisenköck (2001)

Das Büro- und Lagergebäude vermittelt den Eindruck einer dialektischen Einheit von unterschiedlichen Raumelementen. In Form eines weit auskragenden Riegels setzt der Bürotrakt einen Akzent im Erscheinungsbild und markiert den Eingangsbereich und endet überraschend in einer zur Straße hin verglasten Dachterrasse. Der Bürobereich ist über seine gesamte Höhe von Stahlträgern gefasst, die durch die Profilglasumhüllung sichtbar sind. Das Vordach umläuft das gesamte Gebäude und reagiert mit sich verändernder Höhenlage auf die konkreten Inhalte. An der Westfassade wird die Linienführung des Vordaches zu einem „spiegelgedrehten Z", das für den Firmennamen steht. Im Inneren des eingeschossigen Bauteiles befinden sich Büro- und Sozialräume. gd

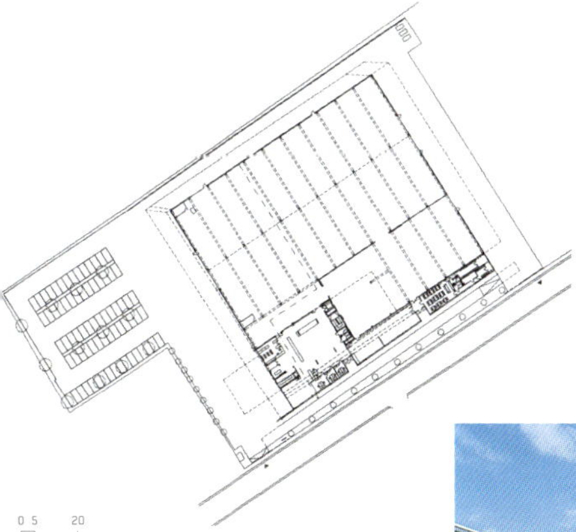

ORF-LANDESSTUDIO STEIERMARK

Gustav Peichl (1981)

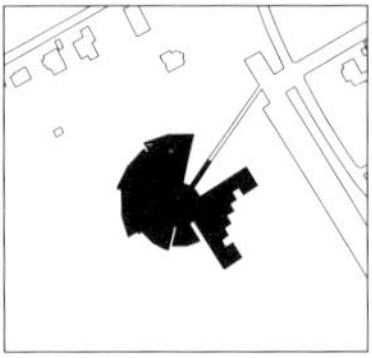

Inmitten eines vom Österreichischen Rundfunk gesponserten Skulpturenparks moderner Kunst steht das ORF-Landesstudio Steiermark. Es wurde von innen her entwickelt, da es als typologischer Entwurf für die Studios in mehreren Bundesländern vorgesehen war. Um eine zentrale, kreisförmige Halle mit Galerien gruppieren sich in radialer Weise die Funktionseinheiten des Studios, wobei diese den Erfordernissen entsprechend unterschiedliche Größen annehmen können. Während ein quartaler Sektor die Verwaltungseinheiten und Sozialbereiche aufnimmt, sind die übrigen drei den „blätterförmig" angeordneten Aufnahmestudios vorbehalten. Der Zugang zur Halle über einen Steg erfolgt von einem ausgesparten Feld, das günstige Belichtungsverhältnisse für die Büros der Verwaltung, Redaktion und Direktion schafft. Die Ästhetik der Anlage ist durch die hohe technische Infrastruktur bestimmt, die formal zum Bedeutungsträger erhöht wird. Sie erfährt ihre Steigerung in einer stählernen Dach-Plattform mit Sendemast, die frei schwebend dem Sendeauftrag eine „corporate identity" verschafft. Eine Tiefgarage und Depoträume sind unter die anschließende Grünfläche verlegt und gewährleisten den freien Blick auf das Studio. eg

WOHNANLAGE NEUFELDWEG

Günther Domenig (1988)

Das Projekt mit 32 Wohnungen auf einem schmalen Grundstück ist aus der gesellschaftspolitischen Programmatik des „Modell Steiermark" zu verstehen, die den Bewohnern ein hohes Maß an Mitbestimmung einräumte. Diese wird im vorliegenden Fall als potenzielle Anpassung an wechselnde Wohnbedürfnisse einer zunächst wachsenden, später sich differenzierenden und schließlich schrumpfenden Familie aufgefasst und als „Generationenplan" interpretiert. Dazu erwies sich der Rückgriff auf eine Rahmenstruktur als geeignet, wie sie in den sechziger Jahren in Großstrukturen konzeptiv hervortrat. Die Baukörperausbildung folgt jedoch nur teilweise einer Füllung des Rahmens, sondern überlagert diesen und tritt in Verdrehungen und Kurvaturen über diesen hinaus. Dadurch ergeben sich im Zusammenhang der Treppenläufe kontrastreiche Raumsituationen, die zudem durch Balkone aufgelöst werden. Die großflächige Verwendung standardisierter industrieller Materialien verleiht dem Bau etwas „Improvisatorisches", wie es dem Zeitbegriff einer sich ständig verändernden Form entspricht. eg

WOHNBAU CARL-SPITZWEG-GASSE

Volker Giencke (1993)

Gienckes Wohnbau in der Carl-Spitzweg-Gasse ist ein Projekt, das erst durch die Courage der Wohnungseigentümer möglich wurde, nachdem der Wohnbauträger zu einer Realisierung nach Vorstellung des Planers nicht bereit gewesen war. Das Risiko hat sich gelohnt, die beiden leicht zueinander gestellten Baukörper der Anlage sind in ihrem Detailreichtum (Stiegen, Dächer, Balkone) ein schönes Beispiel dafür, wie sinnliche Oberflächen geschaffen werden können, ohne sich im Dekorativen zu verlieren. Dass sich das ästhetische Erscheinungsbild scheinbar beiläufig aus strukturellen Überlegungen ergibt, macht den Wohnbau noch überzeugender. Die räumlichen Qualitäten der einzelnen vielgestaltigen Wohneinheiten, die zwischen Garçonnière und Maisonette unterschiedlichste Bedürfnisse befriedigen, resultieren aus Großzügigkeit, Flexibilität und durchwegs ausgezeichneten Lichtverhältnissen. wt

WIENERBERGERSIEDLUNG

Ralph Erskine, Hubert Rieß, Gerhard Kreutzer & Günther Krisper (1987; 1997)

Die große Wohnanlage mit 600 Wohnungen bezeichnet in ihrem Erscheinungsbild den Übergang von der verdichteten urbanen Bebauung zu einem suburbanen, aufgelockerten Wohnumfeld im Bezirk St. Peter. Entsprechend bestimmt eine abgestufte Maßstäblichkeit die Gesamtanlage, die eine Geländekante mit bis zu achtgeschossiger Bebauung aufnimmt, im übrigen Bereich jedoch in hofartigen Hausgruppen von zwei bis drei Geschossen Intimität schafft und Nachbarschaft fördert. Zugleich wird dem Erfordernis mehrerer selbständiger Bauetappen entsprochen. Auffallend ist die Kleingliedrigkeit der Außenräume, aus der Erskines Referenz auf „nordische Wohnatmosphäre" heraussticht. Das Umfeld großer naturbelassener Freiräume wird in angepasster Form in die Siedlung hereingezogen, indem Wasserflächen und Grünwege die Siedlung durchziehen, während die Parkplätze peripher angeordnet werden. Orientierung im Durchschreiten bietet eine abgeknickte, längs durchlaufende Straße, von der aus Stichwege die Wohnhöfe mit unterschiedlichsten Wohnungstypen erschließen. Wieder erinnern klare, einfache Baukörper an ein bewährtes Prinzip klimatischer Optimierung, wobei sekundäre Elemente wie Stiegen, Erker und Flugdächer in bunter Farbigkeit eine heitere Note in den ausgedehnten Wohnpark bringen. eg

TERRASSENHAUSSIEDLUNG

Werkgruppe Graz (1978)

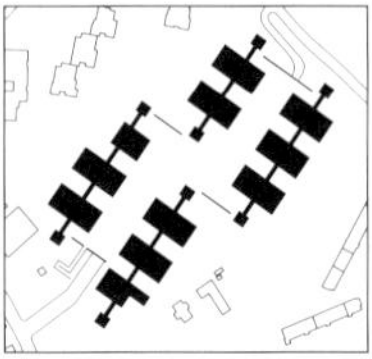

Das als Demonstrativbauvorhaben errichtete Wohnprojekt mit 529 Wohnungen führt zur Verdichtung des städtischen Raumes unter gleichzeitiger Erreichung hoher Wohnqualität. Es folgt der städtebaulichen Entwicklungsachse nach Graz-Südost, die durch Umstrukturierung von einem ehemaligen Industriegebiet in ein stark wachsendes Wohngebiet bestimmt ist. Die Bauform des Terrassenhauses hat sich wesentlich durch den „schwimmenden Charakter" über aufgefüllten Lehmgruben ergeben, auf denen ein breites Sockelgeschoss einer Tiefgarage für 550 Fahrzeuge mit darüber liegender Fußgängerebene aufsitzt. Über diesem erheben sich vier gegeneinander versetzte Baublöcke in höhengestaffelter Form von 6 bis 14 Geschossen. Auf der Höhe des vierten Geschosses besteht zwischen frei stehenden Treppentürmen eine zusätzliche Kommunikationsebene, die auch Reservefläche für öffentliche Nutzungen enthält. Das strukturalistische Konzept der differenzierten Wohnbebauung wurde als Primärstruktur mit individuellen Ausbaumöglichkeiten im Sinne der Mitbestimmung verwirklicht. Große, weitestgehend naturbelassene Freiflächen im Umraum – aus einer gleichzeitigen Entwicklungsplanung hervorgegangen – dienen dem ökologischen Ausgleich zum urbanen Verdichtungsraum. eg

WOHNANLAGEN PETERSTALSTRASSE

Vladimir Lalo Nikolic (1993); Helmut Richter, Heidulf Gerngroß (1992)

Beide Projekte hatten das Ziel, mehrere Voraussetzungen zu erfüllen: architektonische Qualität, Optimierung des Energieverbrauchs und die Einhaltung des Kostenrahmens im geförderten Wohnbau. Im Rahmen der Wohnbauinitiative „Modell Steiermark" sollte planerische Vielfalt auf hohem Niveau gleichsam durchgespielt wurde. Zusätzlich zur energietechnischen Seite überzeugt die Anlage durch Flexibilität und Typenreichtum der Innen- und Außenräume. Auch die zweite Anlage zielt auf die Schaffung räumlicher Vielfalt ab und versucht den Vorstellungen der Bewohner maximal gerecht zu werden. Die Offenheit, wie sie sich im Außenraum mit Gartenflächen, Balkonen und Dachterrassen darstellt, ist auch in den Innenräumen das Hauptthema: eine Interpretation des Reihenhauses, die zeigt, dass auch in einem geläufigen Typus räumliche Innovation möglich ist. wt

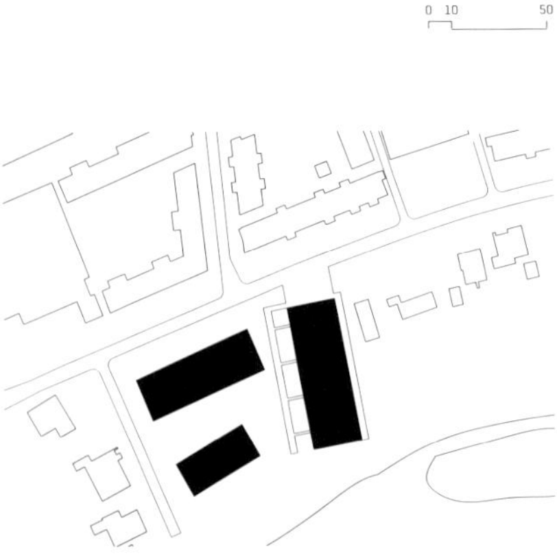

16

J

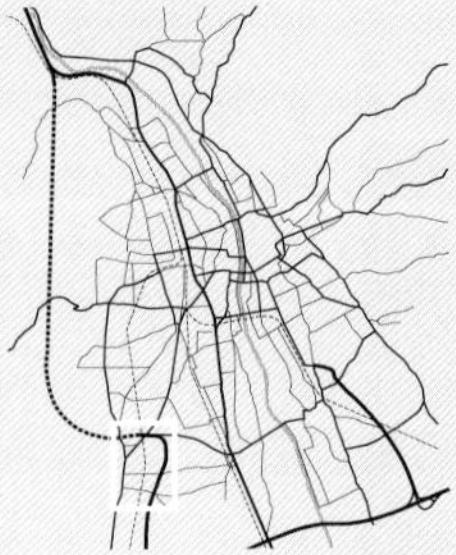

J 01 BÜROGEBÄUDE
Neuseiersberger Straße 115

J 02 WOHNBAU ESG-STRASSGANG
Bahnhofstraße 10a-e

J 03 WOHNBAU ESG-STRASSGANG
Bahnhofstraße 10

J 04 WOHNBAU GGW-STRASSGANG
Josef-Steinberger-Weg 11-19

J 05 WOHNBAU GGW-SEIERSBERG
Heidenreichstraße 5-5c, Seiersberg

J 06 FLUGHAFEN GRAZ-THALERHOF, TOWER
Feldkirchen bei Graz

J 07 FLUGHAFEN GRAZ-THALERHOF
Feldkirchen bei Graz

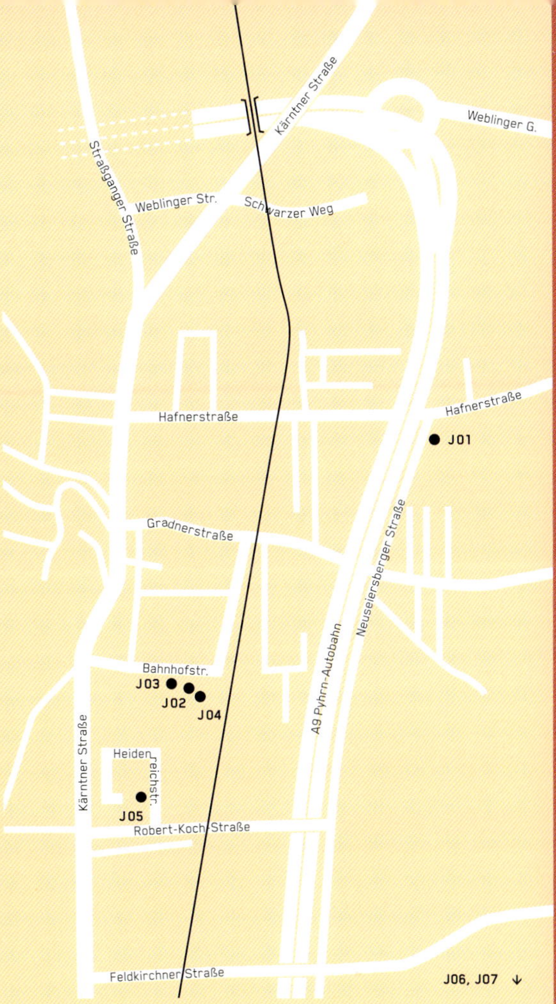
Kärntner Straße
Weblinger G.
Straßganger Straße
Weblinger Str.
Schwarzer Weg
Hafnerstraße
Hafnerstraße
J01
Gradnerstraße
Neuseiersberger Straße
A9 Pyhrn-Autobahn
Bahnhofstr.
J03
J02
J04
Kärntner Straße
Heiden
reichstr.
J05
Robert-Koch-Straße
Feldkirchner Straße
J06, J07

J 01 → Neuseiersberger Straße 115

BÜROGEBÄUDE

Franz Eitzinger (2000)

Die angemessene Reaktion auf das schwierige, dreieckige Grundstück hat zu einer unüblichen Grundrisslösung des Objektes geführt und bestimmt das markante Erscheinungsbild. Die Ost- und Südfassade nehmen auf die benachbarten, strukturell noch undefinierten Bauflächen einen neutralen Bezug. Die Westfassade reagiert hingegen mit einem bewegten Erscheinungsbild auf den Verkehrsfluss von Straße und Autobahn. Der kompakte Baukörper löst sich hier in richtungsbestimmende Gebäudeteile auf, die auf einen spitzen Winkel im Norden zulaufen. Die Wellblechfassade und Flächenverglasungen verleihen dem Aussehen zusätzlich Leichtigkeit. Das großzügige Treppenhaus pointiert den Eingang und bietet der Linearität der Fassade den Halt. gd

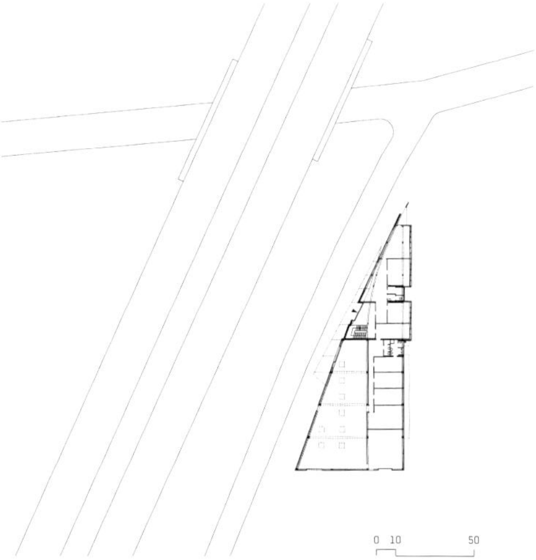

J 02 → Bahnhofstraße 10a-e

WOHNBAU ESG-STRASSGANG

Florian Riegler - Roger Riewe (1994)

Der Wohnbau in Straßgang von Riegler und Riewe war kurz nach seiner Fertigstellung der wohl am heftigsten diskutierte neue Wohnbau in Graz. Für viele, auch den Umgang mit zeitgenössischer Architektur durchaus gewohnte Menschen, stellte er vorerst eine Provokation in Form und Material, einen Auslöser für erregte Debatten dar: Wurde hier tatsächlich die Zukunft des Wohnens in gebaute Wirklichkeit umgesetzt? Oder ist der dreigeschossige Riegel in Betonkonstruktion eher ein Manifest, das den Blick auf jene Qualitäten der Moderne lenken will, die im postmodernen Überschwang bedroht schienen? Verwirklicht wurde jedenfalls ein markantes Zeichen eines radikalen Minimalismus, in dem nichts versteckt wird, der aber durch sein den Fenstern vorgeblendetes System an Schiebeelementen aus Metall- und Textilgeflecht doch reizvoll wird. Wie überhaupt im Detail, etwa an den Betonrampen und Stahlbrücken vor den Eingangstüren, erkennbar wird, dass die Kargheit des Projekts nur eine des ersten Augenscheins ist. wt

10b

J 03 → Bahnhofstraße 10

WOHNBAU ESG-STRASSGANG

Ernst Giselbrecht (1994)

Das im Kontext weiterer Wohnbauten liegende Objekt ist ein Maisonettenwohnbau, dessen innere Organisation der genaue Blick auch von außen erkennen kann, vor allem an den über zwei Geschosse geführten Loggien. Diese können mittels Verglasungen, die auf Stahlträger herausschiebbar sind, einen verbesserten Windschutz erlangen. In diesem prägnanten Bauwerk hat Ernst Giselbrecht seine so unaufdringliche wie typische Formensprache extrem verdichtet. Die Klarheit der Strukturen und der souveräne Einsatz der Materialien schaffen eine noble Ausstrahlung, die im vorstädtischen Umraum spürbar bleibt. wt

J 04 → Josef-Steinberger-Weg 11-19

WOHNBAU GGW-STRASSGANG

Hubert Rieß (1994)

Obwohl von eigenständiger Ausdruckskraft, fügt sich dieser Wohnbau aus mehreren zweigeschossigen Baukörpern in ein heterogen verbautes Gebiet am Stadtrand ein. Das klar strukturierte Ensemble von Mehrfamilienhäusern mit vielfältigen Freiflächen wie Terrassen, Loggien, Balkonen, Treppen und Gängen sowie kleinen Gärten erinnert an Traditionen des sozialen Wohnbaus der Zwischenkriegszeit, die im Kleinen optimale Lebensqualität boten.
Die Balance von privaten und öffentlichen Zonen ist exemplarisch gelungen, unaufdringliche Farbakzente in Grün- und Gelbtönen an den Fassaden tragen atmosphärisch das ihre bei. wt

WOHNBAU GGW-SEIERSBERG

Manfred Wolff-Plottegg (1991)

Wolff-Plotteggs Wohnbau in Seiersberg ist zweifellos einer der spannendsten Beiträge zum Thema Wohnbau. Eine erfrischende Neuinterpretation des Typs Laubenganghaus, die ein schönes Beispiel dafür ist, wie einfach interessante Ideen der Architekturgeschichte in die Gegenwart übergeführt werden können. In einem gekonnten Spiel mit innen und außen, mit Flächen und Öffnungen und nicht zuletzt mit Materialien wird vorgeführt, über welches anregende Spannungspotenzial zeitgenössische Architektur verfügt. Dennoch lässt diese Anlage nicht vergessen, dass dieses architektonische Repertoire dem elementaren Nutzen menschlichen Wohnens dient. wt

J 06 → Feldkirchen bei Graz

FLUGHAFEN GRAZ-THALERHOF, TOWER

Markus Pernthaler (2002)

Die Gestaltung eines Kontrollturms unterliegt großen funktionellen Zwängen – Sicht, Höhe, Stabilität, aus Sicherheitsgründen international geforderte Hochtechnologie – gleichzeitig mit dem Anspruch auf ein Symbol für Kommunikation „auf der Höhe der Zeit", ein Symbol für Modernität. In Graz ist daraus ein zeitgenössischer, „medialer" Turm geworden, der durch eine präzise Struktur und Formgebung gekennzeichnet ist und so errichtet wurde, dass er auf der letzten Etage die aus Stahl und Glas bestehenden Arbeitsbereiche der Lotsen beherbergt, in seinem mittleren Abschnitt zu Gunsten einer großen digitalen, kreisförmigen Schirmfläche entmaterialisiert wird und im unteren Bereich die technischen Räume hinter sorgfältig gestalteten Holzschalungen verbirgt. Diese Dreifachgliederung spiegelt die für Graz typischen Kontraste moderner und traditioneller Materialien sowie eine komplexe Formensprache wider. mhc

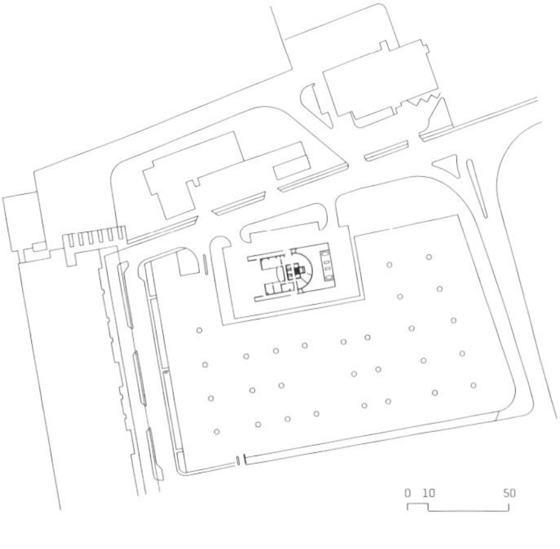

FLUGHAFEN GRAZ-THALERHOF

Terminal, Büro- und Parkhaus: Florian Riegler – Roger Riewe (1998)
Aviation-Center, Kreisverkehr, Boomerang: Pittino & Ortner (2005)

Der Flughafen ist bereits 1998 erneuert und gestalterisch internationalen Standards minimalistischer Architektur angepasst worden. Dieses Ensemble wurde durch den qualitativ nicht minder eindrucksvollen Neubau eines Towers erweitert. Jüngste Zu- und Umbauten umfassen die Einfügung eines General-Aviation-Centers, die Gestaltung des Verkehrskreisels vor dem Flughafen und den Boomerang. Dabei erhielt das lichtdurchflutete, sachlich orientierte Aviation-Center eine Glasfassade mit unterschiedlichen Texturen sowie ein markantes Vordach, während man im Kreisverkehr ein subtiles Licht- und Schattenspiel installierte. Das bestehende Fluggastgebäude wurde nach Westen zum geplanten Flughafenbahnhof hin durch einen Neubau ergänzt. Alt- und Neubau sind durch eine längs gerichtete Gebäudespange miteinander verbunden. Diese beherbergt eine zweigeschossige Verbindungshalle mit Galerie. Zur Betonung der räumlichen Verknüpfung erhebt sich darüber ein leicht geneigter, ansteigender Dachkörper, dessen markante Kontur an einen „Boomerang" erinnert. Durch großzügige Glasflächen wird das räumliche Zusammenspiel von Bestand und Neubau trotz Eigenständigkeit des Neubaus gewährleistet. frw

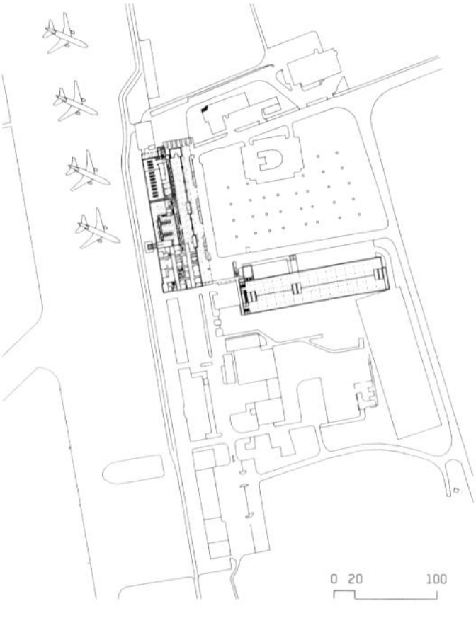

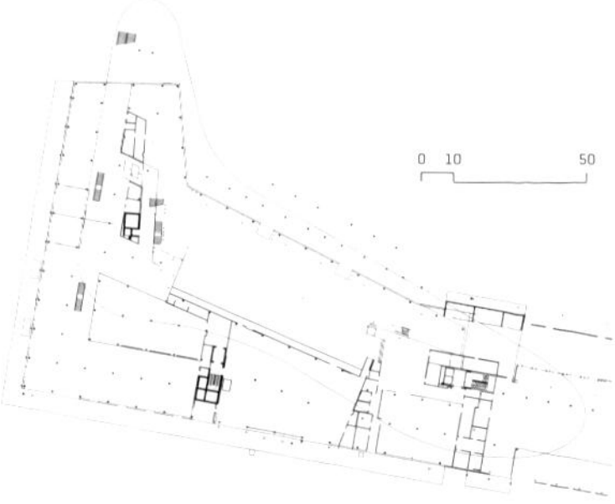

FLUGHAFEN GRAZ
1
TRANSIT

swissair
Tickets
tyrolean
WC WC

RUFEN SIE UNS AN: 0316 /
FÜR DEN START NACH DER

K

K 01 HAUPTBAHNHOF
Europaplatz 2-10

K 02 BAHNHOF CITY
Europaplatz 12

K 03 WOHNANLAGE ALTE POSTSTRASSE
Dreierschützengasse 28-40

K 04 BORG DREIERSCHÜTZENGASSE
Dreierschützengasse 15

K 05 HELMUT-LIST-HALLE
Waagner-Biro-Straße 98a

K 06 SOLARSIEDLUNG AM PLABUTSCH
Bergstraße 51-61

K 07 LKH GRAZ-WEST
Göstinger Straße 22

K 08 MEHRZWECKSAAL DER SCHULSCHWESTERN
Georgigasse 84

K 09 PÄDAGOGISCHE AKADEMIE EGGENBERG
Georgigasse 85-89

K 10 SCHLOSS EGGENBERG: LAPIDARIUM; MÜNZKABINETT
Eggenberger Allee 90

K 11 VOLKS- UND HAUPTSCHULE KARL-MORRE
Karl-Morre-Straße 58

K 12 WOHNBAU TYROLTGASSE
Tyroltgasse 14, 14a-e, 16, 16a-e, 18, 18a

K 13 AHS KLUSEMANNSTRASSE
Klusemannstraße 25

K 14 ROCHE DIAGNOSTICS
Kratkystraße 2

K 15 IMPULSZENTRUM GRAZ-WEST
Reininghausstraße 13, 13a

K 16 GREENBOX STUDENTENHEIM
Eggenberger Allee 31

K 17 CAMPUSGEBÄUDE FACHHOCHSCHULZENTRUM
Eggenberger Allee 11

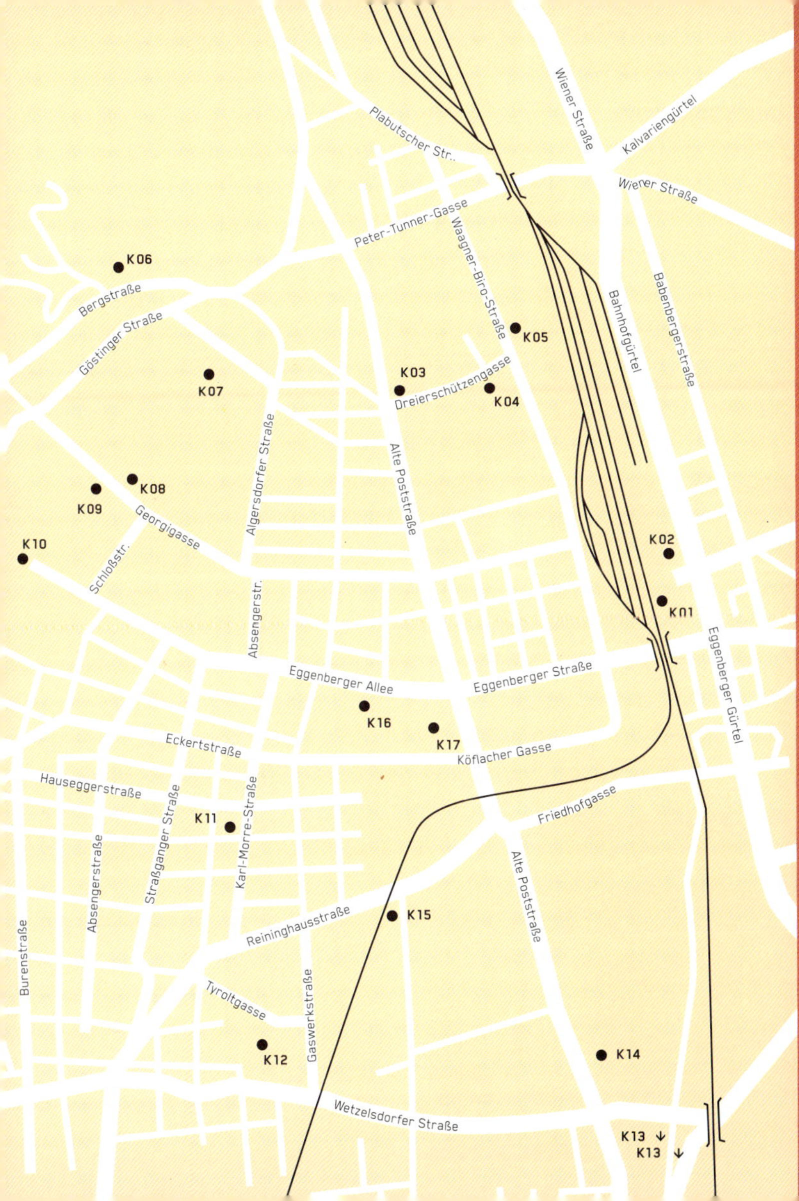

Wiener Straße
Kalvariengürtel
Plabutscher Str.
Wiener Straße
Peter-Tunner-Gasse
Waagner-Biro-Straße
K06
Bergstraße
Göstinger Straße
K05
Bahnhofgürtel
Babenbergerstraße
K07
K03
Dreierschützengasse
K04
Algersdorfer Straße
Alte Poststraße
K08
K09
Georgigasse
K10
Schloßstr.
K02
K01
Absengerstr.
Eggenberger Gürtel
Eggenberger Allee
Eggenberger Straße
K16
K17
Eckertstraße
Köflacher Gasse
Hauseggerstraße
Straßganger Straße
K11
Karl-Morre-Straße
Friedhofgasse
Absengerstraße
Alte Poststraße
Reininghausstraße
K15
Burenstraße
Tyroltgasse
Gaswerkstraße
K12
K14
Wetzelsdorfer Straße
K13
K13

K 01 → Europaplatz 2-10

HAUPTBAHNHOF

Christoph Zechner & Martin Zechner (2003)

Im Reigen der europäischen Bahnhofserneuerungen fügt sich der Grazer Bahnhof in das Konzept größerer Passagierfreundlichkeit bei klagloser Ordnung der Bewegungsströme ein. Zudem stellt er eine Etappe auf dem Weg einer städtebaulichen Neuordnung des Bahnhofsplatzes dar, indem der ankommende öffentliche Verkehr auf die bereits im Bahnhofsbereich geschaffene, barrierefreie untergeschossige Zugänglichkeit zu den Bahnsteigen verlegt wird. Im Zuge der Erneuerung wurde die in den fünfziger Jahren errichtete Eingangshalle als „Zeitzeichen" beibehalten, während die für Servicezonen und Geschäftsnutzung vorgesehenen Seitenflügel als „gläserne Kuben" neu errichtet wurden. Die architektonische Obsession der Planer, die gesamtösterreichisch mit der „Bahnhofsoffensive" befasst sind, vermeidet jede persönliche Handschrift zu Gunsten einer universellen zeitgenössischen Architektursprache der „Umhüllung" wechselnder Funktionen. Dabei kann der Vorliebe für große, fließende Raumkonfigurationen mit Nischenbildung für Ruhebereiche die Zustimmung nicht verweigert werden. Das klare Detail und die transparente Offenheit sichern dem Objekt verdiente Akzeptanz. mhc

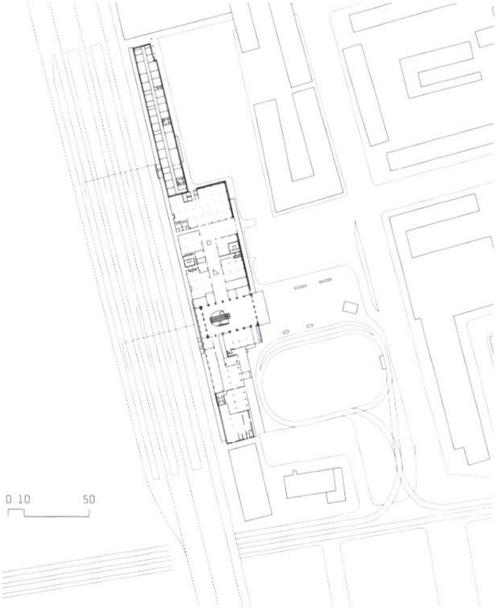

K 02 → Europaplatz 12

BAHNHOF CITY

Team A Graz (1996)

Die letzte den Bahnhofsplatz schließende Randbebauung hat diesem am nördlichen Abschluss ein ausgeprägteres Gesicht verliehen. Der lang gestreckte Bau der Bahnhof City mit seiner zum Platz sich neigenden Spiegelfassade, in der das bunte Geschehen „auf dem Kopf" steht, erweist sich als Anschauungsbeispiel geglückter Integration – mit übersichtlicher, aber nicht überbetonter Einfahrt in die Tiefgarage – bei prägnanter Baukörperausbildung und Rhythmik der Fassadengestaltung. Der vorherrschende Grauton beruhigt das Straßenbild und bindet die vielfältigen inneren Funktionen (Markt, Büros, Buffets) zu einer Einheit zusammen. Dem vorbeiflutenden Verkehr am Bahnhofgürtel haben die Architekten eine beruhigte innere Hofsituation gegenübergestellt, die, von außen kaum sichtbar, der Qualität der inneren Raumbildung zugute kommt. wt

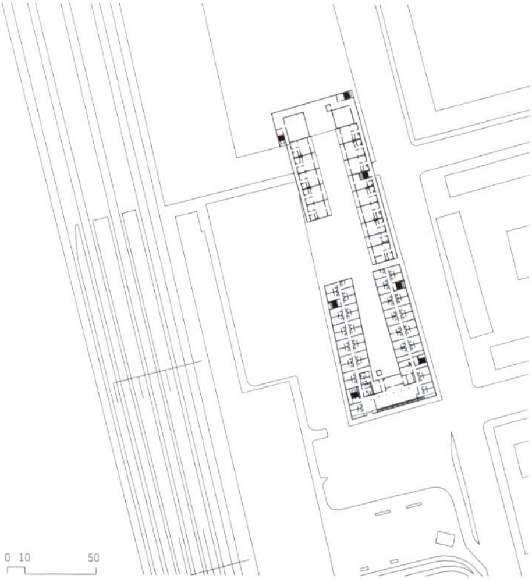

K 03 → Dreierschützengasse 28-40

WOHNANLAGE ALTE POSTSTRASSE

Michael Szyszkowitz + Karla Kowalski (1984)

An einer historischen Nord-Süd-Straße durch das Grazer Becken gelegen, spiegelt die Siedlung mit 43 Wohnungen den Innovationsreichtum des Grazer Wohnbaues der frühen achtziger Jahre wider.
Ein lebendig gestalteter Hof, unter dem eine Tiefgarage liegt, bildet einen Gemeinschafts- und Erschließungsbereich, von dem aus die Wohnungen in vier Geschossen großteils über offene Treppen erreichbar sind. Die Baukörper, gleichwohl in diagonaler Ausrichtung einer Spiegelsymmetrie um ihren Erschließungsbereich folgend, lassen durch die individuelle Ausgestaltung und Höhendifferenzierung sehr unterschiedliche Wohnsituationen erkennen. Während den erdgeschossigen Wohnungen kleine Gartenterrassen zugeordnet sind, verfügen die Geschosswohnungen, zum Teil Maisonetten, über Balkone und Dachterrassen. Im Erscheinungsbild der gekrümmten Dachflächen im Verein mit farbigen Wandpartien in Putz und Holz wird den Bewohnern das Spontane eines Naturerlebnisses ermöglicht, das ähnlich der japanischen Kunst im Asymmetrischen die Identität organischer Raumgestaltung anstrebt. eg

K 04 → Dreierschützengasse 15

BORG DREIERSCHÜTZENGASSE

Hans Gangoly (2002)

Der jüngste Schulbau einer allgemein bildenden höheren Schule zeigt in seiner klaren Linienführung eine neue Tendenz, die sich von expressionistischen Beispielen der Grazer Architekturszene absetzt. Die Einfachheit und Strenge des als Längsbalken ausgebildeten Baukörpers wird dadurch komplexer, dass diesem ein „erdender" Sockel zugeordnet wird, über dem ein in Stützen aufgelöstes, völlig verglastes Erdgeschoss den Eindruck von Leichtigkeit im Gesamtkonzept vermittelt. Zugleich wird im Inneren eine vertikale Dynamik geschaffen, die mit den unter Terrain liegenden Sporthallen korrespondiert. Die Fassadenausbildung und die auf die Schule hinweisenden Schriftzeichen strahlen jene Linearität aus, die dem mehrorts anzutreffenden zeitgenössischen Minimalismus entspricht. mhc

K 05 → Waagner-Biro-Straße 98a

HELMUT-LIST-HALLE

Markus Pernthaler (2003)

Eine alte Fertigungshalle inmitten eines Industrieareals galt es in eine flexible Konzert- und Veranstaltungshalle für alte und neue Musik, Tanztheater und Performances umzuwandeln. Daraus ist mit zeitgenössischen Mitteln ein eindrucksvoller Baukörper entstanden, welcher in seiner gesamten Kubatur spürbar von den freigelegten historischen Stahlbindern des Vorgängerbaus strukturiert wird. Konstruktiv gänzlich neu wurde hingegen die mittlere Partie, welche den eigentlichen Konzertsaal beherbergt, als massive doppelschalige Akustikbox mit hochwertiger Vollholzverkleidung im Inneren ausgeführt. Zickzackartig gefaltete, neu eingestellte Stirnwände grenzen diesen Saal vom Foyer- und Bürotrakt auf der einen sowie vom Künstlertrakt auf der anderen Seite deutlich ab. Das Äußere verleugnet seine industrielle Herkunft nicht, operiert dabei jedoch geschickt mit der Freilegung und Schichtung modernster haustechnischer Elemente sowie einer klugen Materialkonkordanz aus Beton, Stahl und Glas. frw

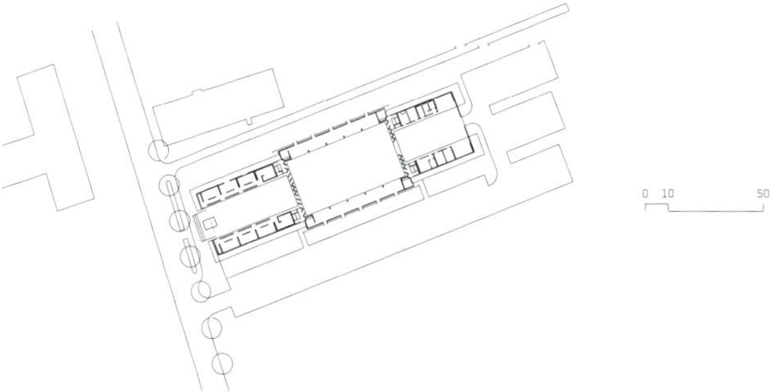

Foyer
SERVICE

K 06 → Bergstraße 51-61

SOLARSIEDLUNG AM PLABUTSCH

Adil Lari (1999)

Die Solarsiedlung am Plabutsch ist ein aus einem Forschungsprojekt des Bauträgers und des Instituts für Wärmetechnik an der TU Graz hervorgegangener Wohnbau, der eindrucksvoll beweist, dass die Realisierung ökologischer Ansätze auch im geförderten Wohnbau möglich ist und nicht zwangsläufig auf Kosten architektonischer Ambitionen geht. Als lang gezogener, elegant geschwungener, dreigeschossiger Baukörper schmiegen sich 42 Wohnungen an den Berghang. Die Ausrichtung nach Süden ist eine logische Folge von Topographie und Konzept. Dessen Hauptziel stellt die Optimierung des Energieverbrauchs dar: Rund die Hälfte des Energiebedarfs wird in Form passiver und aktiver Solarenergienutzung gewonnen, was zugleich einer Betriebskostenminderung und einem volkswirtschaftlichen Nutzen entspricht. wt

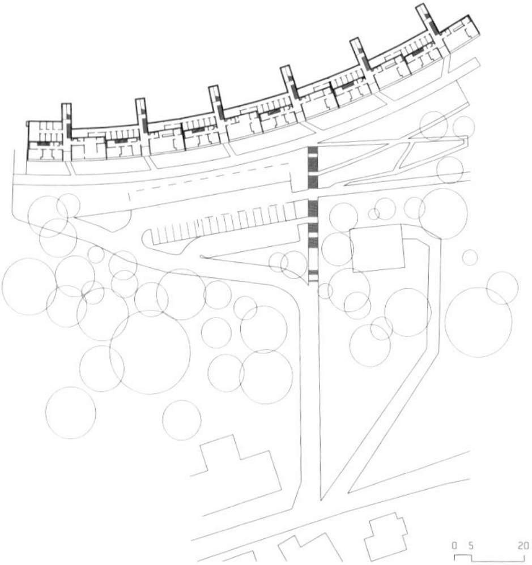

K 07 → Göstinger Straße 22

LKH GRAZ-WEST

Domenig – Eisenköck – Gruber (2002)

Zwei von der Erschließung bestimmte Gestaltungsachsen bilden das Rückgrat des Krankenhauses. Die Nord-Süd-Achse nimmt die Zufahrtsrichtung auf und mündet im zweigeschossigen Südtrakt bzw. in der großzügigen Grünanlage. Die West-Ost-Achse schließt am benachbarten Unfallkrankenhaus an, bestimmt die Lage des zentralen, fünfgeschossigen Bettentrakts und klingt auf der Seite der Grünanlage im Bogen des Erdgeschosses aus. Im Kreuzungspunkt gehen diese Achsen in eine mehrgeschossige, transparente Erschließungszone über. Auf der Nordseite des zentralen Bettentrakts wächst das Erschließungssystem zu einem orthogonalen Netz an, um zwei parallele Behandlungstrakte aufzunehmen. Der leichte Abweichwinkel zwischen äußeren und inneren Leitlinien individualisiert die Bewegung und zentriert den Eingang. Diese Zone bildet den gestalterischen Mittelpunkt, der sich im Westtrakt zu einem Aufenthaltsraum wandelt. Die Fassadengestaltung spiegelt den Kontrast zwischen den funktionalen technologiegebundenen Gebäudeteilen und den dynamischen Zwischenräumen wider. So differenzieren die V-Stützen und die über die beiden unteren Geschosse reichende Verglasung im Westtrakt die Eingangs- und Aufenthaltsbereiche von den typologischen Obergeschossen. gd

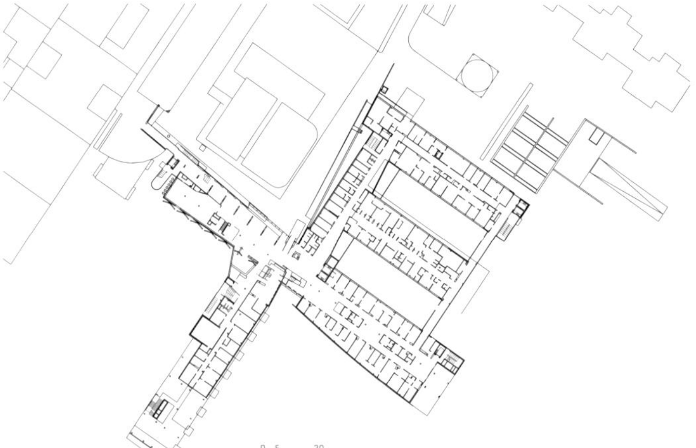

K 08 → Georgigasse 84

MEHRZWECKSAAL DER SCHULSCHWESTERN

Günther Domenig – Eilfried Huth (1977)

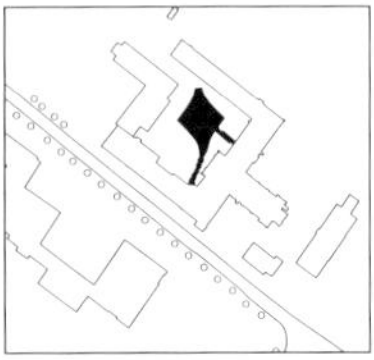

Der in das Geviert des Klostergebäudes diagonal eingefügte Veranstaltungs- und Speisesaal stellt eine Besonderheit der Grazer Architekturlandschaft dar. Er erscheint als organisch ausgeformtes Gebilde, das einen Erstarrungszustand in einem fließenden Formbildungsprozess zum Ausdruck bringt. Die konvexe, gefaltete Außenhaut wird durch konkave Öffnungen für Belichtung und Zugänge aufgebrochen, wobei der Innenraum einen höhlenartigen Charakter annimmt. Konstruktiv gesehen wurde ein Metallnetz durch Spritzbetonauftrag zur Schale verfestigt, in die verschiedene technische Einrichtungen wie Belüftung und Beleuchtung integriert wurden. Technische Probleme der Dichtheit der Oberfläche haben eine nachträgliche Verkleidung mit Zinkblech notwendig gemacht, sodass die ursprüngliche glatte Haut verloren ging. Der „Initiativbau" der Grazer Schule hat keine Nachfolger gefunden, aber in der Auffassung den für Graz typischen expressiven Ausdruckscharakter der siebziger Jahre beeinflusst. eg

K 09 → Georgigasse 85-89

PÄDAGOGISCHE AKADEMIE EGGENBERG

Günther Domenig – Eilfried Huth (1969)

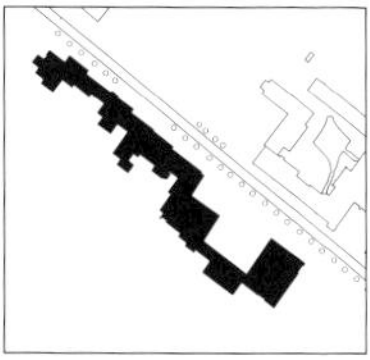

Mit dem Bau der Pädagogischen Akademie als „Zeitdokument" einer Aufbruchszeit im kirchlichen wie architektonischen Sinn hat die katholische Kirche eine Bauherrenfunktion übernommen, die in eine Reihe von bemerkenswerten Pastoral- und Sakralbauten mündete. Das lang gezogene Grundstück an der Flanke des Schloßes Eggenberg wurde mit einer stark plastisch strukturierten Baugruppe in Sichtbeton überbaut, wobei zum Eingang ein großer Vorplatz und zum Park eine Grünfläche überleitet. Von Ost nach West bilden eigenständige Funktionsgruppen über Bindeglieder eine Kette: Aula, Turnhalle, Akademiegebäude, Kapelle, Akademikerinternat, Knabeninternat und Übungsschule. Den Abschluss bildet ein frei stehendes Heizhaus. Die skulptural geformten Außenanlagen sowie die Plastizität der Bauformen werden durch eine Beschränkung auf wenige Materialien gesteigert: schalreiner Sichtbeton, schwarzer Asphalt für Böden, Föhrenholz für Fenster, Türen und anderes. Die Akademie reflektiert einen „Purismus", der den ethischen Aspekt vor den ästhetischen stellt und die soziale Bestimmung der Architektur hervorhebt. eg

K10 → Eggenberger Allee 90

SCHLOSS EGGENBERG: LAPIDARIUM; MÜNZKABINETT

PURPUR. ARCHITEKTUR; BWM Architekten (2007)

Das neue Lapidarium von Purpur Architektur, als begehbare Wand bzw. begehbares Gestell eingelassen in den Raum zwischen Flügelmauern, Restbeständen der Orangerie aus dem 18. Jahrhundert und der nördlichen Grenzmauer des Schlosses Eggenberg, fungiert als regelrechte Zeitmaschine.
In diesem „In-Between" wird die Betrachtung römischer Steinfunde beim Durchlaufen unterschiedlicher Ebenen, beim Überwinden von Schwellen und Niveaus, beim Entdecken des „Darunterliegenden" adäquat inszeniert. Dabei ist die sinnliche Erfahrung massiver und transparenter Raumgrenzen von großer Bedeutung.
Das Münzkabinett von BMW Architekten befindet sich in dem gotischen Trakt. In zwei abgedunkelten Gewölberäumen bringen die fast schwarze Ausstellungsarchitektur und der schwarze Boden die beleuchteten Gold- und Silbermünzen besonders zur Geltung.
Charakteristisch für den klar gegliederten und mit kubischem Mobiliar stringent eingerichteten Museumsshop ist die Kombination von Nussholz mit dem Motiv jenes Seidendamasts aus dem 18. Jahrhundert, mit dem die Wände der Schlossräume bespannt sind. frw

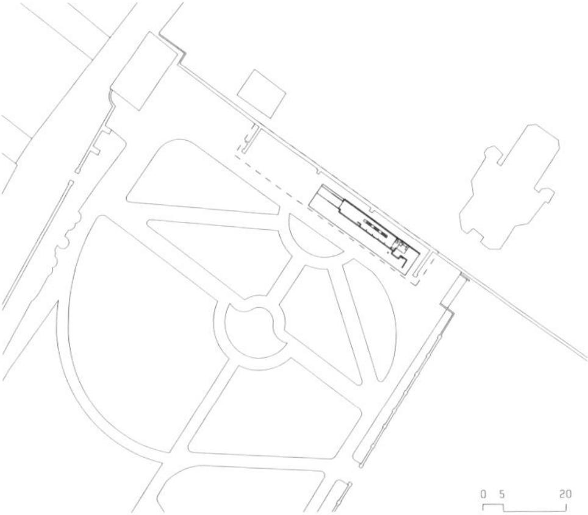

K 11 → Karl-Morre-Straße 58

VOLKS- UND HAUPTSCHULE KARL-MORRE

Ingeborg + Werner Nussmüller (2002)

Nachkriegspavillons im Hinterhof eines historischen Hauptschulgebäudes sollten durch den Low-Budget-Neubau einer Volks- und Hauptschule ersetzt und mit einem neu zu errichtenden Kinderhort verknüpft werden. Hierzu wurden ruhige, im Detail angemessen verspielte Baukörper entwickelt. Der zweigeschossige, teilweise mit Holzlamellen verkleidete Riegel des Volksschulneubaus (konstruktiver Holzbau) wurde drei Meter über dem Terrain aufgeständert, um im Erdgeschoss Turnsaal und Gymnastikraum als farbige Betonkuben frei einstellen zu können. Unterschiedliche Funktionen lassen sich deutlich ablesen, das Innere ist ausgesprochen heiter und freundlich gestaltet. Der auf den ersten Blick bewusst nicht wahrnehmbare Kinderhort verbirgt sich unter der schützenden Schräge einer „aufgeklappten Wiese". Letztendlich entstand hier durch geschickte Verteilung auf dem Grundstück eine kleine Stadt in der Stadt. frw

K 12 → Tyroltgasse 14, 14a-e, 16, 16a-e, 18, 18a

WOHNBAU TYROLTGASSE

Kovatsch – Bielenski – Breu (1993)

Eine italienische „galleria" am Grazer Stadtrand? Nicht ganz. Aber eine überdachte „Straße" zwischen zwei jeweils dreigeschossigen, lang gestreckten Baukörpern ist das Herz dieses Objekts. Diese prägende Besonderheit wäre aus zwei Gründen fast auf der Strecke geblieben: wegen des finanziellen Aspektes und wegen der Bauvorschriften. Die vielseitige Benutzbarkeit des Glashauses zwischen den unteren Maisonettewohnungen und den darüber liegenden Geschosswohnungen ist zweifellos ein Gewinn. Hier kann selbst im Winter gespielt und geplaudert werden, von hier aus sind die Autos in der darunter liegenden Tiefgarage bei jedem Wetter trockenen Fußes erreichbar. Die Maisonetten öffnen sich an den Außenseiten zu kleinen Gärten, die Geschosswohnungen hingegen sind mit Balkonen ausgestattet. wt

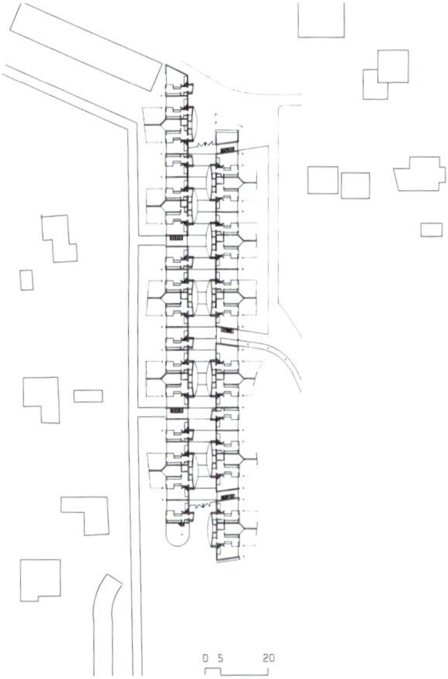

K 13 → Klusemannstraße 25

AHS KLUSEMANNSTRASSE

Andreas Fellerer – Jiri Vendl (1991)

In einem Viertel gelegen, in dem sich vornehmlich Einfamilienhäuser befinden, gehört das Gebäude dieses Gymnasiums zur Gruppe jener Bauten, die von nicht in Graz beheimateten Architekten als Beitrag zur Grazer Architekturszene errichtet wurden. Ein lang gezogenes, geradliniges Gebäude beherbergt die Schulklassen und sonstigen Räume, die nach Süden auf einen großen Grünraum orientiert sind. Im Norden wird dieser lange Quader durch ein spektakuläres Vordach verdoppelt, das zugleich einen überdachten Schulhof und eine Tribüne vor den Sportanlagen bildet – mit einem turmartigen Kegelstumpf, der sich durch das Vordach bohrt. mhc

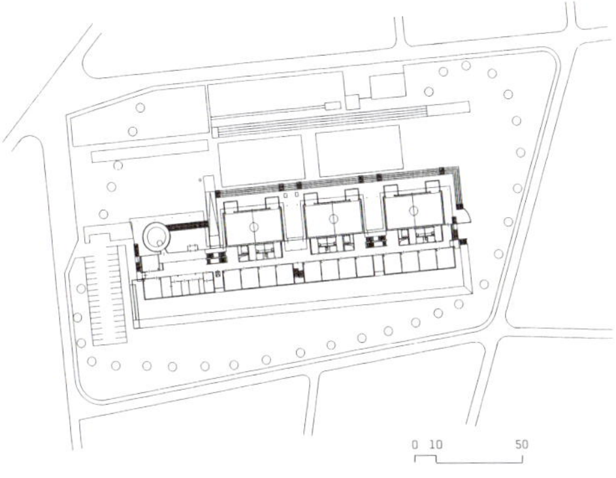

K 14 → Kratkystraße 2

ROCHE DIAGNOSTICS

Ernst Giselbrecht (2003)

Die Anlage tritt als Initialprojekt und städtebauliches Zeichen in dem zukünftigen Bio-Hochtechnologiepark im Westen von Graz in Erscheinung. Das Plankonzept trägt den Erfordernissen der Produktionstechnologie, der optimalen Grundstücksnutzung und der übergeordneten Idee eines städtischen Grünraumes Rechnung. Der Gebäudeeingang ist in die Tiefe des Grundstücks hineingezogen, um eine rationelle innere Erschließung zu gewährleisten. Die zwei Flügel des Forschungs- und Entwicklungsgebäudes bilden einen V-förmigen Eingangsbereich, der das Gesicht der Anlage prägt. Die Produktions- sowie Lagerhallen und der Logistikbereich sind kammartig dem Gebäude angeschlossen und erzeugen dadurch begrünte Zwischenräume. Die so gestalteten Baukörper ermöglichen eine optimale natürliche Belichtung der Arbeitsräume und lassen eine zukünftige Erweiterung zu. Die logisch konzipierte Gesamtanlage bringt den technologischen Charakter und die innere Flexibilität eindeutig zum Ausdruck. gd

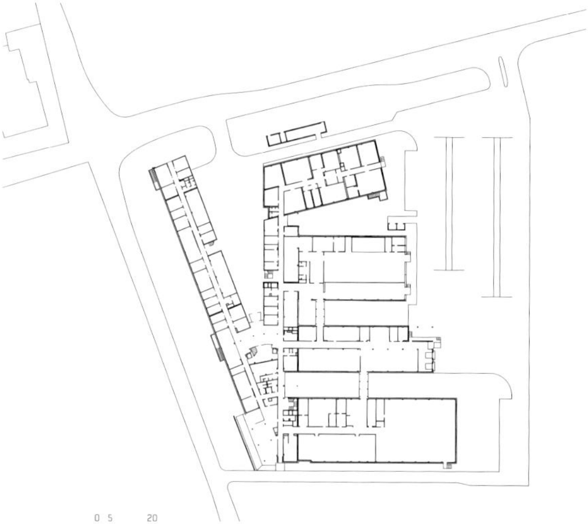

K15 → Reininghausstraße 13, 13a

IMPULSZENTRUM GRAZ-WEST

Hubert Rieß (2004)

Das zentrumsnahe ehemalige Betriebsgebiet der Brauerei Reininghaus harrt seiner zukünftigen Entwicklung. Das Impulszentrum Graz West, ein Büro- und Laborgebäude für technologieorientierte Start-up-Firmen, setzt eine der ersten Marken in diesem neuen Grazer Stadtteil. Das Gebäude wurde als introvertiertes Hofhaus nach konstruktiv und gebäudetechnisch innovativen und auf Nachhaltigkeit bedachten Aspekten konzipiert. Die äußere Schicht des mächtigen Vierkanters birgt die Labors und Stiegenhäuser. Zum Hof hin entfaltet sich als kammförmige Struktur die „weiche Schicht" aus übereinander gestapelten, vorgefertigten Bürozellen aus Brettsperrholz. Die dazwischen entstandenen, mit Pergolen überdeckten Halbatrien ergänzen den zentralen Hof als erhöht gelegene, geschütztere Freibereiche. fl

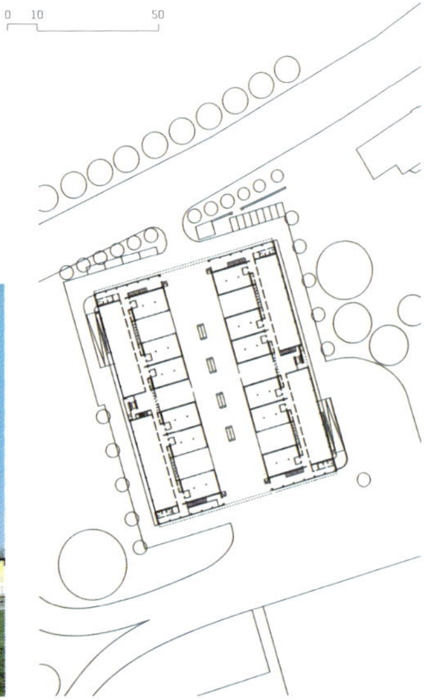

K16 → Eggenberger Allee 31

GREENBOX STUDENTENHEIM

Peter Zinganel (2006)

Grün in verschiedenen Schattierungen und Materialisierungen kennzeichnet das nächst dem Campus der Fachhochschule Joanneum gelegene Wohnhaus für Studierende, das aus einem langgestreckten Riegel und einer davon abgesetzten Punktbebauung besteht. Markantes Merkmal an der Straßenseite ist die als facettierter Erker ausgebildete, namengebende „Greenbox", ein frei bespielbarer Veranstaltungsraum. Die Längsseiten sind als strukturierte Collage aus Glasflächen, Putzfassaden, Loggien, weit auskragenden Balkonen, Terrassenflächen und natürlichem Grün gestaltet.
Die Leitfarbe Grün wurde zur Akzentuierung auch im Inneren sowohl in den attraktiv gestalteten Gemeinschafts- und Kommunikationszonen als auch den wohnlichen Privaträumen vor allem als Möbelfarbe eingesetzt. fl

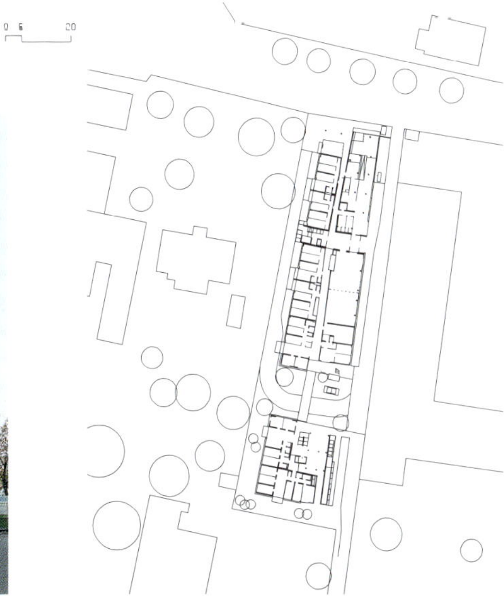

K 17 → Eggenberger Allee 11

CAMPUSGEBÄUDE FACHHOCHSCHULZENTRUM

Gonçalo Byrne & Thomas Zinterl (2005)

Offen- und Geschlossenheit, Transparenz und Kompaktheit werden in kontrastreicher Weise in diesem Gesamtkonzept die vielfältigen Anforderungen an diese neue Fachhochschule zum Ausdruck bringen. Die Transparenz spiegelt sich in der langen, aufgelockerten Nordfassade, die sich den Ankommenden darbietet. Dahinter verbirgt sich der ost-west-ausgerichtete zentrale Baukörper, in dem sich die Hörsäle befinden. Die scharfkantige Kontur des großflächig verglasten Baukörpers wird von galerieartigen Fußgängerwegen gequert, die zur weiteren Öffnung beitragen. Im Gegensatz dazu zeigen die zentralen Einrichtungen wie Mensa, Bibliothek und Auditorium eine ausgeprägte Kompaktheit, die durch ein „Hervorziehen" aus dem Baukörper akzentuiert wird. Sie markieren zugleich die Hauptzugänge und wirken durch ihre Materialität. Das Zusammenspiel von Beton, Kupfer und Glas wird die besondere Note des Gebäudes unterstreichen. mhc

Das HDA ist im Jahre 2007 aus seinem Gründungshaus im Villenviertel von St. Leonhard in die Innenstadt gezogen und hat sich, passend zur Entwicklung der Stadt und zu den Zielvorstellungen des Jahres 2003, nämlich passend zur Aufwertung der „anderen Seite" der Mur, in einem neuen Outfit im Umbau des Palais Thinnfeld einer neuen strukturellen und auch personellen Veränderung unterzogen.

„Ein radikaler Kompromiss – Revitalisierung Palais Thinnfeld":
Mit diesen Worten definieren die Architekten ifau und Jesko Fezer ihre Bauaufgabe. Das Projekt basiert auf der räumlichen Reinterpretation der baulich-sozialen Struktur eines barocken Grazer Stadtpalais und entwickelt daraus für drei verschiedene Kulturinstitutionen (Haus der Architektur, Landesmuseum Joanneum und Grazer Kunstverein) sehr spezifische Nutzungsangebote.

MARIE-HÉLÈNE CONTAL

Ein Begleiter zum „architektonischen Erwachen" der Stadt Graz

Wenn dieser neue Begleiter zur Architektur Graz einen offensichtlich dokumentarischen und kulturellen Wert für die Besucherin und den Besucher hat, so ist es wichtig zu betonen, dass er auch ein historisches Werk ist. Seine Herausgabe bestätigt die Anerkennung einer kreativen Bewegung vor Ort, die in den achtziger Jahren begann und die für seine Akteure heute internationale Anerkennung bedeutet: Die „Grazer Schule" hat die europäische architektonische Debatte erhellt und tut dies bis heute.
Ein Jahrzehnt der Sichtbarwerdung vielfältiger Schaffensprozesse öffnet sich mit Beginn der neunziger Jahre. Ein Unter-Spannung-Setzen des Dialogs zwischen dem dichten kulturellen Erbe der Altstadt und dem Reaktionsvermögen einer zeitgenössischen Architektur zielt dank der Verwendung technologischer Innovationen bewusst auf die neuen Metaphern der Modernität ab: Architektur im „Schwebezustand", die Eroberung der Transparenz, die sinnliche Befreiung der konstruktiven Linien.
Die Besucherin und der Besucher werden vom Kontrast zwischen dem Kulturerbe der Stadt und dieser zeitgemäßen Ästhetik überrascht, die den diversen Neo-Regionalismen, die zurzeit überall in Europa blühen, radikal entgegengesetzt ist. Neo-Klassizismus zum einen, Neo-Moderne zum anderen und all die Rückgriffe der neunziger Jahre haben, so scheint es, versucht, sich der großen Identitätsdebatte zu entziehen, die durch die Neuformierung Europas und die Globalisierung ausgelöst wurde.
Wenn die Grazer Architekten eine starke kulturelle Identität für Graz und seine Region bekräftigen wollten, so gelang dies, indem sie Regionalismen überschritten, indem sie versuchten, ihre „Stadt" direkt mit den großen internationalen und zukunftsträchtigen Strömungen zu verbinden.
Diese Position war damals einzig in Europa, als architektonisches Denken noch länderspezifisch oder regional verankert war und der „Stadt" in ihrer Behauptung als Zentrum kulturellen Schaffens noch wenig Bedeutung

beigemessen wurde. Unter diesem Gesichtspunkt ist das „Abenteuer Graz" ein Initialprojekt: ein Überschreiten alter Identitätsgrenzen durch die Bestätigung einer neuen städtischen kulturellen Identität unter Verwendung eines prächtigen Erbes, das sehr belastend hätte wirken können, jedoch im Gegenteil dazu die Grundlage für einen beständigen Dialog und Wettstreit bereitete.

GRIGOR DOYTCHINOV

Das intellektuelle Potenzial des Individualistischen

In den siebziger Jahren machte eine Gruppe Grazer Architekten auf sich aufmerksam, indem sie mit eigenwilligen Ideen an die Öffentlichkeit trat. Es war eine vom Begriff „Grazer Schule" begleitete Bewegung, die sich dem architektonischen Alltag entgegenstellte und das Experiment für eine zukunftsweisende Architektur wagte. Bei all den unterschiedlichen Handschriften der Architekten war es jedoch die kollektive Abgrenzung zu gängigen Strömungen, die dieser „Schule" ein einheitliches Gesicht verlieh. Die Aussagekraft der Grazer Architektur als eigenwilliges Phänomen scheint in den neunziger Jahren etwas an Deutlichkeit eingebüßt zu haben. Dies ist jedoch nicht internationalen Gleichklang-Tendenzen, sondern den veränderten Umständen vor Ort zuzuschreiben. Die aktuellen Impulse sind von einem Ideenpluralismus gekennzeichnet, der keine einheitliche Hauptrichtung, von der man sich abgrenzen oder an der man sich orientieren könnte, erkennen lässt. Zugleich steht die Suche nach neuen experimentellen Wegen allerorts im Blickpunkt und ist nicht mehr nur eine Besonderheit der Grazer Architektur.
Vergleicht man die in Graz nach 1990 gebauten Objekte miteinander, so lässt sich feststellen, dass die individuelle Architektursprache etwas zurückhaltender und lakonischer geworden ist, jedoch ist eine wiederholte Anwendung bestimmter gestalterischer Grundlagen erkennbar:

Dazu zählen einladende Eingangssituationen, welche die Besucherin und den Besucher in die Bauwerke einbeziehen, großzügige lineare Gebäudeelemente, die eine Orientierung im dynamischen Erscheinungsbild erlauben, erlebnisreiche Offenheit der Erschließungen und insbesondere das Aufeinandertreffen kontrastierender gestalterischer Mittel.
Der Grund dafür, dass diese wiederholten Anwendungen trotzdem nicht zu einer stilistisch einheitlichen Schule führen werden, liegt auch weiterhin in den persönlichen Handschriften der Architekten. Diese haben sich unter den kulturpolitischen Schwankungen und dem spürbaren Rückzug der öffentlichen Hand als Architekturmäzen in den neunziger Jahren als wesentliches intellektuelles Potenzial erwiesen und können als positives Zeichen für die Vitalität der Grazer Architektur gedeutet werden.

EUGEN GROSS

Mit den Augen des Architekten

Nicht zufällig findet man in Konrad Wachsmanns Buch „Wendepunkt im Bauen" die Grazer Doppelwendeltreppe in der Burg in einer Reihe ausgesuchter Bauten, die eine neue strukturelle Auffassung des Bauens im 20. Jahrhundert dokumentieren. Nicht die rein konstruktive Leistung rückt ins Blickfeld, sondern die Wahrnehmung eines Raumerlebnisses, das den Menschen in den Mittelpunkt stellt. Er ist es, der im Begehen der Treppe den begrenzten Raum überschreitet und über das „Zauberwerk" in Staunen verfällt. Ein Schlüsselwerk der Architektur spricht zu uns.
Die Stadt Graz, durch politische Umstände im Zusammenhang zweier Weltkriege an den Rand gedrückt, neigte architektonisch in die Bedeutungslosigkeit abzusinken. Die nationalistische Hypothek der „Stadt der Volkserhebung" verwehte jeden Hauch von Internationalität. Und dennoch, vielleicht im Angesicht der existenziellen Bedrohung, fasste die „Moderne" in Einzelnen und in kleinen Gruppen Fuß, die aus unterschiedlichen Positionen

hier Anker warfen. Eine Haltung der „Gegenliebe", wie sie der Literat Alfred Kolleritsch für sich in Anspruch nimmt, hatte sie zu streitbaren Geistern herausgefordert, die der Öffentlichkeit entgegentraten.[1]
Von entscheidender Bedeutung erwies sich die Rolle der Technischen Universität als einziger Ausbildungsstätte für Architektur in Graz, da sie Studenten aus vielen Teilen der Welt anzog. Im Schmelztiegel dieser „Zeichensaal-Werkstatt", im Reiben an den teilweise konträren Auffassungen sich dennoch gegenseitig anerkennender Lehrerpersönlichkeiten, reifte ein Selbstbehauptungswille, der in der Einsatzfreude für neue Ideen geradezu charismatische Züge annahm. Nicht von ungefähr trieb es die erste Nachkriegsgeneration ausgebildeter Architekten ins Ausland, wo sie Anerkennung fanden und mit ihren Projekten architektonische Zeichen setzten. Erst mit den sechziger Jahren bildete sich eine Grazer Architekturszene heraus, die den folgenden Architektengenerationen vor allem im Zuge von Wettbewerben ein weites Feld architektonischer Gestaltungsmöglichkeiten bot. Der vorliegende Führer spricht in seiner Vielfalt davon ein beredtes Bild. Grazer Architektur hat sich nie in der Gegenposition und Überwindung eines formalen Konzeptes gesellschaftlich abgesicherter Tradition entwickelt, wie es eher auf Wien zutrifft, sondern die Freiheit der Auseinandersetzung mit neuen Kräften und Strömungen gesucht, die nicht anders als kontroversiell sein konnten. Wie die Doppelwendeltreppe, im Wegerlebnis zugleich ernüchternd und erbauend, nur auf dem Umweg ans Ziel führt, realisiert die Architektur jene Grenzerfahrung, die räumlich und ideell die Bestimmung dieser Stadt zu sein scheint.

[1] Architekt Herbert Eichholzer, der für seine politisch-gesellschaftlichen Überzeugungen vom NS-Regime mit dem Tode bedacht wurde; Maler und Bildhauer wie Kurt Weber, Wilhelm Thöny, Rudolf Szyszkowitz und Josef Pillhofer, die programmatische Anfänge aus den dreißiger Jahren in die Nachkriegszeit hinüberretteten; junge Künstler unterschiedlicher Bereiche, darunter auch Architekten der Nachkriegsgeneration, die sich 1958 im Forum Stadtpark zusammenfanden, um für künstlerische Freiheit auf die Barrikaden zu steigen und Spuren in gestalterisches Neuland zu legen; Kulturpolitiker wie Hanns Koren, die aufgeschlossen waren, neue Traditionen zu schaffen, die in die Dreiländer-Biennale „Trigon" und das Avantgardefestival „steirischer herbst" mündeten.

PETER BLUNDELL JONES

New Graz Architecture

Graz weist gelungene Bauwerke aus vielen verschiedenen Epochen auf, darunter auch solche, die der Moderne zuzurechnen sind. Zwischen den sechziger und neunziger Jahren des 20. Jahrhunderts jedoch wurde die Stadt zum Zentrum einer Bewegung mit internationaler Strahlkraft.
Am Anfang stand die so genannte Studio Revolution an der Fakultät für Architektur der Technischen Universität Graz, in deren Zuge sich etwa vier Generationen von Studierenden vom Blick „nach draußen" inspirieren ließen, ehe sie ausschwärmten, um für innovative Architekturbüros in Europa und den USA zu arbeiten. Einige von ihnen zog es sogar ins ferne Japan. Bereichert mit neuem Wissen und neuen Erkenntnissen kehrten sie nach Graz zurück, wo es in der Zwischenzeit Günther Domenig und Eilfried Huth gelungen war, mit ihren Arbeiten neue Schwerpunkte und Impulse zu setzen: Dem überholten Technizismus, der zum damaligen Zeitpunkt weite Teile der architektonischen Praxis beherrschte, wurde ein Bekenntnis zur Kreativität entgegengestellt. Die Aktivitäten des Forum Stadtpark und des steirischen herbstes trugen ebenso wie die Gründung des Hauses der Architektur im Jahr 1988 zu einer weiteren Vertiefung der Architekturdebatte bei.
Mit der Wahl von Josef Krainer zum steirischen Landeshauptmann im Jahr 1980 war das politische Interesse an der Disziplin neu erwacht und eine Ära der Architekturförderung eingeleitet worden. Auf Initiative Krainers wurden sämtliche Bauvorhaben der öffentlichen Hand für Architekturwettbewerbe geöffnet, was zur Errichtung einer ganzen Reihe von innovativen Gebäuden führte. Von sehr kleinen Bauvorhaben abgesehen wurden sämtliche Projekte des sozialen Wohnbaus auf diese Weise abgewickelt, wobei für eine gewisse Zeit die Mitbestimmung eine große Rolle spielte.
Somit erlebten Graz und die Steiermark in den achtziger Jahren ein goldenes Zeitalter des architektonischen Experiments, in dem die ursprünglichen

Initiatoren und Protagonisten der Studio Revolution ihre Fähigkeiten durch den Bau wichtiger Gebäude unter Beweis stellten, während ihre jüngeren Kollegen erste Erfahrungen sammelten. Eine Zeit lang übertraf das reiche und vielfältige architektonische Schaffen in Graz jenes der weitaus größeren Bundeshauptstadt. Diese Entwicklung sollte jedoch nicht von Dauer sein: Politische Veränderungen in den frühen neunziger Jahren ließen das Wettbewerbssystem praktisch in Bedeutungslosigkeit versinken. Daran ändert auch die Tatsache nichts, dass zahlreiche Projekte, die vor diesem Zeitpunkt in Angriff genommen worden waren, erst in jüngster Zeit Verwirklichung fanden. Dazu zählt eine Reihe von großartigen Spitalsbauten – ein Beweis für den Rest der Welt, dass diese Art von Gebäuden keineswegs von technischen Imperativen dominiert werden muss.

WALTER TITZ

Grazer Architektur

Wer in den siebziger und achtziger Jahren Graz sagte, musste auch Architektur sagen. Die „Grazer Schule", ein Phänomen mit ungenauen Konturen, aber gerade deshalb eines von äußerster Vitalität, war nicht nur Eingeweihten ein Begriff. Architektennamen wie Günther Domenig, Eilfried Huth, Konrad Frey, Bernhard Hafner, Volker Giencke, Klaus Kada, Michael Szyszkowitz und Karla Kowalski stehen für diese Bewegung.
Wesentliche Impulse lieferten dieser „Grazer Schule" jedenfalls die kreativen sechziger Jahre mit ihren international ins Utopische ausgreifenden Ideen. Es waren durchaus unerschrockene „Anmaßungen", die eine lokale Szene zu reicher Blüte brachten, und es waren realpolitische Rahmenbedingungen, die ans Ideal grenzten und so ermöglichten, dass das Visionäre – transformiert – Wirklichkeit werden konnte.
„The times they are a-changin'", Bob Dylans vertonter Text musste jedoch spätestens in den neunziger Jahren auch an der Mur zur Kenntnis genom-

men werden. Der politische Wille zu architektonischer Qualität ermattete, das Experiment wurde mittels mannigfaltiger Argumentationen, nicht zuletzt finanzieller, untergraben.
Vor diesen Entwicklungen überrascht der Blick auf die Architektur in Graz besonders positiv. Nahezu fünfhundert seit 1990 gebaute Objekte waren es, die für diese Publikation einer näheren Betrachtung unterzogen wurden – etwa ein Drittel davon konnte in diesem Architekturführer Aufnahme finden. Die Fülle der Objekte lässt eine simple Klassifizierung nicht zu, die neueste Grazer Architektur ist mit zwei, drei Beurteilungskriterien natürlich ebenso wenig dingfest zu machen wie die etwas ältere, ob als Schule oder als singuläre Erscheinung apostrophierte. Mag sein, dass die genannten Entwicklungen in Summe pragmatischere Aspekte forcierten; eine gewiss konstatierbare neue Zurückhaltung der architektonischen Formensprache ist jedoch nicht allein auf ökonomische Zwänge zurückzuführen. Nicht zuletzt ist es so erfreulich wie erwähnenswert, dass die beiden jüngsten Ausformungen einer Architektur mit stilprägenden Merkmalen an eine hypothetische „Grazer Schule" erinnern: das Kunsthaus von Peter Cook (einem frühen Kenner und durch „Archigram" auch maßgeblichen Beeinflusser der Grazer Architekturszene) und Colin Fournier, sowie die Insel in der Mur von Vito Acconci. Beide sind, in diesem Zusammenhang gesehen, jedenfalls „grazerischer" als die meisten aktuellen Planungen vor Ort und deuten ein historisches Kontinuum an, von dem man beinahe schon meinte, es existiere nicht mehr.

MARIA WELZIG

Platz für Architektur?

Die politischen, wirtschaftlichen und sozialen Umwälzungen Ende der achtziger Jahre spiegelten sich in der europäischen Architektur in einem Aufbruch zu einer zweiten Moderne wider. Graz spielte dabei innerhalb Österreichs eine Vorreiterrolle. Dieser Aufbruch wurde in den frühen neunziger

Jahren durch das politisch bedingte Ende des international beachteten Kulturprogrammes „Modell Steiermark" gestoppt. Die Auswirkungen waren vor allem im Wohnbau zu spüren: Die wenigen innovativen Wohnbauten seither entstanden vorwiegend von privater Hand. Eine Konsequenz der veränderten architekturpolitischen Situation ist nicht zuletzt eine Verweigerung der jungen Architektengeneration, die nach anderen Horizonten Ausschau hält.
Ebenfalls in die Hoch-Zeit der Grazer Architektur reicht das 1986 beschlossene Konzept „Platz für Menschen" zurück. In Folge dieser Initiative auf Basis von Architektur-Wettbewerben erfuhren die Plätze im Zentrum eine strukturelle Neugestaltung, begann man die traditionell benachteiligten Gebiete rechts der Mur mittels Platzgestaltungen aufzuwerten und die Stadtteile links und rechts des Flusses stärker miteinander zu verbinden. Schließlich weitete man das Konzept auf Plätze der Peripherie aus.
Der Umgang mit dem öffentlichen Raum zählt zu den spürbaren Qualitäten dieser südlichen österreichischen Stadt.
Die Konzentration des österreichischen Architekturgeschehens der Zweiten Republik auf Wien und Graz löste sich im vergangenen Jahr-zehnt auf, neue Schauplätze entstanden. Die Position als Avantgarde-Architekturstadt Österreichs kann Graz heute nicht mehr allein für sich beanspruchen.
Einzig im Bereich Architektur & Medien blieb man, etwa mit der seit 1993 stattfindenden „Medien- und Architekturbiennale", Vorreiter. Die prononciert internationale Ausrichtung, welche die Grazer Architektur seit den sechziger Jahren ausgezeichnet hatte, wurde im vergangenen Jahrzehnt zu einem allgemeinen Entwicklungsphänomen. Mehr noch: Während sich die Architekturschulen in den neunziger Jahren andernorts radikal öffneten, so etwa in Wien mit einer internationalen Besetzung der Lehrstühle, bewies die Architekturfakultät vor Ort in Graz in dieser Hinsicht keine gute Hand.
Auch auf die Öffnung der Grenzen nach 1989, die offensive Strategien und eine gezielte Positionierung im Städtewettbewerb verlangte, reagierte Graz zunächst mit Unsicherheit. Den Möglichkeiten der EU-Mitgliedschaft

begegnete die Stadt in den vergangenen Jahren mit einer Reihe von Urban-Projekten jedoch initiativer als andere österreichische Städte.
Nach der Stagnation der neunziger Jahre scheint heute zudem im Sog von Graz „Europäische Kulturhauptstadt 2003" ein starker Impuls auf die Architektur auszugehen. Vieles wurde nun möglich: Neben den bekannten Kulturbauten eine erneute Offensive für Kunst im öffentlichen Raum und die lang diskutierte Integration des Flussraumes in die Stadt.

FRANK R. WERNER

Graz versus Wien: Honni soit qui mal y pense

Die italienische Renaissance trat bekanntlich von Florenz aus ihren Siegeszug durch Italien und ganz Europa an. Florenz bereitete also in typologischer, struktureller, formalästhetischer und architekturtheoretischer Hinsicht den kulturellen Nährboden vor für alle wesentlichen Neuerungen humanistischer Architektur. Die altehrwürdig versteinerte Hauptstadt Rom hingegen stand der neuen Architekturströmung etwa siebzig bis achtzig Jahre lang ziemlich abweisend bis abwartend gegenüber. Erst als man sich in Rom absolut sicher war, dass man es bei dieser, seinerzeit „modernen", Architektur nicht mit einer Eintagsfliege zu tun hatte, stieg man aktiv in das Baugeschehen der Zeit ein.
Ähnlich verhält es sich, wenn man das Grazer Baugeschehen der vergangenen Jahrzehnte mit Wiener Aktivitäten vergleicht. Kein Geringerer als Wolf D. Prix vom Wiener Team Coop Himmelb(l)au war es, der erst kürzlich selbst darauf hingewiesen hat, welche Impulse schon 1969 im Rahmen des steirischen herbstes von der bahnbrechenden Grazer Ausstellung „Trigon 69" in Richtung Wien und ganz Europa ausgegangen seien. Bahnbrechend deshalb, weil sich in Graz erstmals eine neue Avantgarde unangepasster, aufmüpfiger junger Architektinnen und Architekten artikulierte; eine Avantgarde, der es weniger um Formzertrümmerung als vielmehr um revolutio-

näre Kommunikations- und Materialisierungsformen von Gebautem ging. Nicht Bruno Tauts Forderung von 1920 „Laßt sie zusammenfallen, die gebauten Gemeinheiten" stand dabei im Vordergrund, sondern ein von Graz ausgehender Wille, die schon früh als „kalt", „tot" und menschenfeindlich empfundenen Aufgüsse der klassischen Moderne durch eine ausdrucksstarke, offene Architektursprache zu ersetzen.
Seit 1969 ist die Grazer Architektur eigentlich nie mehr zur Ruhe gekommen. Sie hat bis heute typologisch, strukturell und formal ein unglaublich vielfältiges Netzwerk offener (Architektur-)Systeme zu installieren vermocht, gleichsam als Kontra-Indikation gegen architektonische Marginalien von Post- und Neo-Moderne. Die unglaubliche Vitalität der Grazer Architekturszene, welche ihr schon früh das Prädikat „Grazer Schule" eintrug, erschöpft sich nicht in Stilen, sondern bringt stets aufs Neue „Haltungen" hervor. Weder der Kubus noch sein entfesseltes Pendant, weder das Statische noch das organisch Fließende, weder das handwerklich Gefügte noch das apparativ Montierte, weder der Hang zum Konstruktiven noch die Lust an Dekomposition oder Dekonstruktion, weder das Grellbunte noch das Monochrome machen die eigentlichen Qualitäten der Grazer Architektur aus. Befreite Räume, befreite Bilder humaner Weltentwürfe und unverwechselbare Setzungen im Stadtraum sind es vielmehr, welche das Bild dieser Stadt nachhaltig bestimmen. Graz ist ein einziges „Archilab", das seinesgleichen in Europa sucht. Und Wien?

FRANZISKA LEEB

Neue Umstände

Ein Zugang zur Grazer Architektur mag zeigen, dass das Herz der österreichischen Architekturszene in den 1980er Jahren bis Mitte der 1990er Jahre wohl am kräftigsten schlug. Sowohl im öffentlichen Sektor als auch im Wohnbau entstanden zahlreiche Gebäude, die von einem experimentellen

Geist getragen waren, wie er anderswo heute noch schwer denkbar ist.
Das Haus der Architektur – 1988 gegründet – war die erste Institution dieser Art in Österreich und Vorbild für weitere Architekturhäuser in allen Bundesländern. Heute neigen sowohl Proponenten der Grazer Architektur als auch Beobachter von außen dazu, dieser glorreichen Zeit, deren Ruf immer noch über die Landesgrenzen reicht, nachzutrauern.
Denn längst sind die Umstände andere: Die Politik habe sich als Unterstützerin einer qualitätsvollen Architektur, die über einzelne Prestigebauten hinaus in einer relevanten Breite wirksam wird, spürbar zurückgezogen, wird geklagt.
Mehr privat, weniger Staat. Politiker, die nicht mehr bereit sind, Verantwortung für die Baukultur zu übernehmen. Eine Vergabe(un)kultur, die Architekten zu Bittstellern nach dem Billigstbieterprinzip degradiert und andererseits auf medial flott vermarktbare spektakuläre Bauten von Star-Architekten setzt, ist ein globales Phänomen. Und in vielen anderen Städten und Regionen sind mittlerweile lebendige Architekturszenen nachgefolgt, die das Interesse von Öffentlichkeit und Medien auf sich lenken. Graz ist weder da noch dort allein.
Rund vierhundert eingetragene Architekten und Architektinnen gibt es in der Stadt, darunter viele gut ausgebildete, ambitionierte, die ihr Potenzial nicht immer im gebührenden Ausmaß unter Beweis stellen können.
Öffentliche Aufträge als Impuls für den Karrierestart waren und sind für die Generation der jetzt unter 50jährigen steirischen Architekturschaffenden dünn gesät. Sie stellen sich aber den neuen Rahmenbedingungen, eröffnen Filialen in Wien oder im Ausland und machen sich selbst daran, Projekte zu entwickeln. Wer aber genau schaut, findet sie, die gebauten Spuren, die eine jüngere Baukünstlergeneration im Schatten des Primats der Alten hinterlässt.

MARIE-HÉLÈNE CONTAL
Geb. 1956, Architektin, Journalistin und Architekturkritikerin, lebt in Paris. Seit 1999 stellvertretende Direktorin des Institut Français d'Architecture, Cité de l'Architecture et du Patrimoine, Paris. Koordinatorin des Europäischen Programms Gau:di – Studentischer Wettbewerb für Nachhaltige Architektur, Koordinatorin der weltweiten Auszeichnung für Nachhaltige Architektur, Paris.

GRIGOR DOYTCHINOV
Geb. 1950, Architekt, lebt in Graz und Sofia. Lehrtätigkeiten an der Technischen Universität Graz, an der RWTH Aachen, in Maribor und an der Technischen Universität in Bratislava. Forschung, Planungstätigkeit und Publikationen zum Themenschwerpunkt „Architektur und Städtebau in Zentraleuropa".

EUGEN GROSS
Geb. 1933, Architekt, lebt in Graz. 1960-1986 Partner der Werkgruppe Graz mit den Architekten Friedrich Groß-Rannsbach, Werner Hollomey und Hermann Pichler. 1989-1999 Lehrtätigkeit an der Ortweinschule, HTBLA für Bau, Kunst und Design in Graz. Herausgabe von Lyrik und Monographien zu Architektur und Kunst.

RENATE ILSINGER
Geb. 1961, Herausgeberin, Autorin, Kulturschaffende, lebt in Graz und Wien. Aufbau und mehrjährige Leitung des Verlages HDA Graz. Eigenes Verlagsbüro seit 2001. Operative Vorstandstätigkeit im Haus der Architektur Graz bis 2003. 2005 Initiierung von ilsinger editions – transkulturelle publikationsprojekte. Zahlreiche Publikationen zu Kultur, Kunst und Architektur.

PETER BLUNDELL JONES
Geb. 1949, Architekturtheoretiker, Journalist und Architekturkritiker, lebt in Sheffield. Seit 1994 Professor of Architecture an der University of Sheffield. Gast-Redakteur u.a. bei „The Architectural Review" sowie Autor zahlreicher Architekturpublikationen, im Besonderen des Standardwerkes zur Architekturszene Graz: Dialogues in Time. New Graz Architecture. Monographien über Hans Scharoun, Hugo Häring und Gunnar Asplund.

MICHAEL SZYSZKOWITZ
Geb. 1944, Architekt, lebt in Graz und Braunschweig. Seit 1978 eigenes Architekturbüro gemeinsam mit Karla Kowalski in Graz. Seit 1998 o. Univ. Prof. an der Technischen Universität Braunschweig, Ordinarius am Institut für Gebäudelehre und Entwerfen, 2003-2005 Dekan des Fachbereiches Architektur. Mitbegründer und 1994-1999 Präsident des Hauses der Architektur.

WALTER TITZ
Geb. 1951, Studium der Anglistik und Germanistik, lebt in Graz. Seit 1974 Kulturjournalist, Redakteur der „Kleinen Zeitung" mit den Schwerpunkten Bildende Kunst und Architektur.

MARIA WELZIG
Geb. 1963, Kunsthistorikerin und Architekturpublizistin, lebt in Wien. Publikationen, Ausstellungen und Filme zu Architektur und Urbanismus. Derzeit kulturwissenschaftliches Forschungsprojekt des Wissenschaftsfonds (FWF) über die Entwicklung der Wiener Hofburg seit 1918 „Von der Residenz zum Museumsquartier" an der Österreichischen Akademie der Wissenschaften. Gastprofessur an der Universität für angewandte Kunst, Wien, Klasse für Fotografie und digitale Medien.

FRANK R. WERNER
Geb. 1944, Architekt, o. Universitätsprofessor, lebt in der Nähe von Münster/Westfalen. Seit 1994 Leiter des Instituts für Architekturgeschichte und Architekturtheorie an der Universität Wuppertal, seit 1999 Dekan der dortigen Architekturfakultät. Gastprofessuren u.a. in Los Angeles, Barcelona, Mailand und Vico Morcote (CH). Mitglied im PhD-Programm der TU Delft. Zahlreiche Buch- und Zeitschriftenpublikationen bzw. Forschungsprojekte zur Theorie und Geschichte der Architektur des 20. Jahrhunderts.

FRANZISKA LEEB
Geb. 1968, Studium der Kunstgeschichte in Wien und Innsbruck, lebt in Wien. Seit 1994 Tätigkeit als Architekturpublizistin, freiberufliche Journalistin (u.a. für die Tageszeitung Die Presse/Spectrum) und Architekturvermittlerin. Seit 2003 Lehrbeauftragte an der TU Wien/Abteilung für Wohnbau und Entwerfen.

INDEX NAMEN

BILDUNG
B02, B03, B05, B07, B08, B10, B11, B12, B14, C01, C02, C03, C04, C05, C06, C07, C12, C13, C14, C16, D01, D11, E04, E09, E12, K04, K08, K09, K11, K13, K17

GEWERBE
A02, A08, A11, A12, A16, A21, A26, A27, D03, F08, H10, I02, I04, I08, I09, I10, J01, J06, J07, K02, K14, K15

KULTUR UND FREIZEIT
A03, A09, A10, A13, A14, A15, A17, A19, A24, B13, C10, C15, D04, D05, D10, D13, D16, D18, E07, G02, H14, I01, I05, I06, I11, K05, K10

MEDIZIN
D14, H01, H02, H03, H04, H05, H06, H07, H08, H09, H11, K07

ÖFFENTLICHER RAUM
A01, A04, A05, A06, A07, A10, A18, A22, A23, A25, D06, D12, E01, F02, K01

WOHNBAU
A20, B01, B04, B06, B09, C08, C09, C11, C17, D02, D07, D08, D09, D15, D17, D19, E02, E03, E05, E06, E08, E10, E11, F01, F03, F04, F05, F06, F07, F09, G01, G03, G04, G05, G06, G07, H12, H13, I03, I12, I13, I14, I15, I16, J02, J03, J04, J05, K03, K06, K12, K16

INDEX OBJEKTE

FOTOGRAFEN

A10/6-Stadtvermessungsamt Graz 55
Manca Ambrož F03
Gernot Angerer Renderings C05, H09
Anna Blau A14, G01
Croce + Wir H04: Doppelseite
Peter Eder H05 rechts, H12 unten, J01
Gisela Erlacher H10
Damir Fabijanić K15
Andreas Feistritzer D09 unten, H05 links, H14, K06 unten
Ingrid Frisch C10
Wladimir Goltnik B03 rechts
Žiga Gorišek E07, K09
Marko Gregorič D06, K04 unten
Zoran Gregorič I09
Thilo Härdtlein D12
Günter Hauer Luftbildaufnahmen
Severin Hirsch F05 unten
Bernhard Hohengasser A13
ifau und Jesko Fezer 370
INNOCAD F09
Helmut Jokesch A18, D14
Peter Blundell Jones C02, H04, H13, I12, I13
Wolfgang Kapfhammer B05, H07, I05
Angelo Kaunat A02 unten, A03, A07, A10, A15, A20, A21, A25, A26, B10, B11, B13, C01, C09, D01, D03, D04, D17, D18, E12, F04, H01, I01, I03, I06 oben, I14, J04, K11, K12, K17
Petra Kohlenprath A22, B03 links, B04, C14, D09 oben, D13, F02, G02, G03, K06 oben
kokapop E03 links
Karla Kowalski C12: Doppelseite
Werner Krug J07: Doppelseite, Bildqquelle: Flughafen Graz Betriebs GesmbH
laublab 51: Visualisierung Bild 52
Gerald Liebminger K05
Günther Linshalm A01, A09, A17, F07, G06, I08, K01, K02, K07
Walter Luttenberger D16
Herbert Missoni A04
Markus Möderl F05: Doppelseite
Moser Architekten H11
Monika Nikolic I04
Zita Oberwalder K14 oben
Paul Ott A02 oben, A08, A11, A12, A16, A19, A23 rechts, A24, B02, B07, B09, C07, C13, C16, C17, D02, D07, D11 oben, D19, E03 rechts, E04, E06, E10, F01, F05 oben, G05, G07, H06, H09, I10, I16, J06, J07, K04 oben, K14 unten, K16
Heinz Pachernegg H08
Foto Petek E02
Pascal Petignat F06
Büro Pittino & Ortner D08
Wolfgang Retter D10
Büro Riegler Riewe I02
Karin Ritter C15
Ali Schafler I11
Andreas Scheucher K10
Margit Schiessl K13
Michael Schuster A05, K03, K08
Margherita Spiluttini C12: 1. Bildseite, D05, E09, J02
Büro Szyszkowitz + Kowalski A27, C11
Janko Testen E05
Helmut Tezak A06, A23 links, B08, C08, E01
Lea Titz B06, B12, B14, E08
Karl Ulbl C04, H02, H03 rechts, J03, J05
Špela Volčič I06 unten
Archiv Werkgruppe Graz B01, E11, H03 links, I15
Martin Wiesner H12 oben
Wratschko + Wratschko D11 unten
Nikolaos Zachariadis I07
Dida Zakeljšek G04
Gerald Zugmann C03, C06, D15, F08

Herausgeber und Redaktion bedanken sich bei einer Reihe von Gesprächspartnern, die durch ihre profunde und differenzierte Einschätzung der Szene und durch ihre Beurteilungen einen wesentlichen Beitrag für die inhaltliche Konsistenz des vorliegenden Werkes geliefert haben.

Ein besonderer Dank gilt dem Objektwahl- und Redaktionskomitee Marie-Hélène Contal, Grigor Doytchinov, Peter Blundell Jones, Walter Titz, Maria Welzig, Frank R. Werner und Franziska Leeb für seine intensive und ambitionierte Auseinandersetzung mit der Architekturszene Graz.

Eugen Gross hat mit seiner umfassenden Kenntnis und Erfahrung das Autorenteam bereichert und das Fachlektorat geführt, wofür wir uns herzlich bedanken.